DICIONÁRIO DOS Nomes
E SEUS SIGNIFICADOS

Sumário

A	7	N	157
B	36	O	162
C	47	P	167
D	62	Q	177
E	71	R	179
F	87	S	190
G	97	T	202
H	107	U	208
I	114	V	210
J	119	X	217
K	130	Y	218
L	131	Z	219
M	142	Onomástico	221

© Publicado em 2013 pela Editora Isis Ltda.

Supervisor geral: Gustavo L. Caballero
Revisão de textos: Editoras Isis
Diagramação: Décio Lopes
Capa: Toñi F. Castellón

DADOS DE CATALOGAÇÃO DA PUBLICAÇÃO

Castellón, Toñi F.
Dicionário de nomes e seus significados/Toñi F. Castellón |
1ª edição | São Paulo, SP | Editora Isis, 2013.

ISBN: 978-85-8189-030-2

1. Teoria do conhecimento I. Título.

Proibida a reprodução total ou parcial desta obra, de qualquer forma ou por qualquer meio seja eletrônico ou mecânico, inclusive por meio de processos xerográficos, incluindo ainda o uso da internet sem a permissão expressa da Editora Isis, na pessoa de seu editor (Lei nº 9.610, de 19.02.1998).

Direitos exclusivos reservados para Editora Isis

EDITORA ISIS LTDA
www.editoraisis.com.br
contato@editoraisis.com.br

Dicionário dos Nomes e seus Significados

Frequentemente esquecemos que o nome que e dado a um novo ser ao nascer, exerce uma influencia sutil, porem importante sobre cada individuo, inclusive chegando a modelar suavemente a personalidade no decorrer de sua vida.

Espero que este livro contribua tanto para informar quanto para conscientizar os pais, da importância na hora de escolher e selecionar um nome para seus filhos, procurando não se deixar levar por egoísmos nem modas, mas atendendo ao significado interno e a vibração do nome escolhido. Vibração esta que o acompanhará e o identificará durante toda a vida ao recém nascido e o representará perante os demais, de tal maneira que o nome que lhe seja dado, será "Ele mesmo".

A autora

ARÃO

Etimologia: Originário do Hebraico
Celebridades: Irmão mais velho de Moises

ABDO

Etimologia: de origem Árabe *"servo de Deus"* este nome procede de um Juiz de Israel.

ABEL

Etimologia: de origem Hebraica, *"Aquele que chora"*, do Assírio *"O filho"*.
Características: Pessoa muito pratica. Sua razão sabe conduzir e vigiar sua imaginação e o coração. Muito reservados, pouco exuberantes e têm uma grande força de vontade.
Santo: São Abel, arcebispo de Reims no século VIII.
Celebridades: Abel, filho de Adão e Eva, morto por seu irmão Cain.
Abel Rei da Dinamarca (1218-1252).
Abel Gance, famoso escenografo francês.

ABELARDO

Etimologia: adaptação medieval de Abel mediante o sufixo gramatical *"hard" "forte, duro"*, presente em numerosos nomes masculinos.
Celebridades: Comumente confundido com Adelardo e com Eberardo.

ABELINA

Derivado de Abel.

ABIGAIL

Etimologia: de origem Hebraica, "*Ab-guilah*", "alegria do pai", ou "*fonte de alegria*".

Celebridades: trazido da Bíblia. Esposa de Nabal e, em segundas núpcias de David. Muito comum em países anglo-saxões especialmente pelo "Gail".

ABRÃO

Etimologia: de origem Hebraica, patriarca bíblico, pai de multidões, o grande antepassado.

Celebridades: Marechal Abraham de Febert (1599-1662). Abraham Lincoln, presidente dos EUA.

ABSALÃO

Etimologia: de origem Hebraica, "*pai da paz*".

Celebridades: filho de David.

ACÁCIO

Etimologia: de origem da antiga Grécia "*Kakos*" é mau, ruim. Lembra o famoso malfeitor Caco. A letra "A" e partícula privativa, portanto "*A Kakos*" significa "*o não ruim*", ou seja, "*o bom*".

ACISCLO

Etimologia: encontra-se neste nome uma das mais antigas raízes indo--européias. "Ak" significa "*ponta*" que deu ao latim "*Ascia*" que significa "*machado*" daí o diminutivo "*Acisculus*" ou "*martelo de picar pedra*". Este nome e bastante comum nos países de língua Hispânica sob a forma de "*Iscle*".

ADA

Etimologia: de origem Hebraica, "*Adah*" significa "*beleza, ornamento*".
Este nome é comum encontra-lo como "*Adela*" ou "*Adelaide*".
Celebridades: O nome da primeira esposa do patriarca Esaú.

ADALBERTO

Etimologia: de origem germânica composto por "*Athal*" significa
"*nobre*" e "*berht*" ou "*o brilhante, o famoso*". Famoso pela sua nobreza.
Uns dos nomes mais usados de origem germânico como o provam os
nomes que dele são derivados: Alaberto, Alberto, Aldaberto, Auberto,
Adelberto, Etelberto, Oberto... E outros.

ADÃO

Etimologia: de origem Hebraica. "*O primeiro homem, o pai de todos*".

Características: pessoas de muita valentia, fortes e de grande espírito
empreendedor unido a uma grande força demolidora. Porem com
fortes debilidades masculinas.

Santo: Em alguns países se comemora "São Adão" o primeiro homem.

ADÉLIA

Em francês: Adele.
Em inglês: Adela.
Em alemão: Adle.
Em italiano: Alida ou Adele.

Etimologia: de origem germânica, "*de raça nobre*".

Características: pessoas doces, encantadoras, amáveis e simpáticas
ao extremo.
Seu aspecto e de estar sempre sorrindo às vezes chega a confundir-se
de estar sempre de brincadeira.
Seus corpos expressam vivacidade. Gostam de sonhar, não de pensar.

Não levam suas ideias até a concretização. São verdadeiras apaixonadas, amam com o coração, são muito fortes no amor. Fieis e tenras, muito sensíveis.

Não sabem lidar com os problemas e revezes da vida, porem quando acontece se refazem muito rapidamente. Se pudessem controlar sua sensibilidade seriam, sem duvida, as pessoas mais felizes da Terra.

Santa: Santa Adélia, filha do Rei de Austrasia, Dogoberto II. Abadessa de um Mosteiro perto de Treves, que morreu em 735.
Santa Adela, viúva, ultima filha de Guilherme o Conquistador.
Adélia, esposa do Conde de Flandes Balduino IV.

Celebridades: Fundadora e primeira Abadessa do Mosteiro de Pfalzel na Alemanha.

ADELAIDE ou ADELAIDA

Etimologia: de origem germânica *"filha ilustre"*.

Características: todos os mesmos do anterior *"Adela"*.

Santa: Santa Adelaide, imperatriz d Alemanha no século X.

Celebridades: filha do rei de Borgonha Esposa do rei Lotario de Itália e Alix de Sabóia.
Esposa de Luis VI.
Madame Adelaide da França, primeira filha de Luis XV.
Madame Adelaide, princesa de Orleans, irmã de Luis Felipe.

ADELARDO

Etimologia: de origem germânica *"Athal-hard"* *"nobre e forte"*.

Características: pessoas de caráter firmes, decididas e bastantes seguras nas suas atitudes e decisões. Inteligentes e sinceras. *"Um bom amigo"*.

ADELINO

Etimologia: de origem latina (Grego).

Características: pessoas enérgicas, cheias de vitalidade e muito curiosos sobre tudo.

Empreendedores e muito seguros de si mesmos.

De inteligência clara, têm grande capacidade de se desenvolver em situações embaraçosas.

Sua vida e relativamente estável, pessoas de confiança, pois a sua palavra tem muito valor.

Criteriosos na escolha de amigos.

Excelente moralidade e fé inabalável, alto senso da amizade.

Santo: São Adelino fundador do Mosteiro de Cale e patrono da cidade de Vise.

ADELTRUDES

Etimologia: de origem Germânica *"Athal-trud"* ou *"amado e apreciado pela sua nobreza".*

Apresenta outras formas como: Ediltrudes, Edeltrudis, Edeltruda e também, usado impropriamente, Aldetrudis.

ADOLFO

Etimologia: de origem Gótica, *"Pai do lobo"* ou do Alemão *"Socorrido pelo seu pai".*

Santo: Adolfo Adão, compositor de musica francês,
Adolfo Niel, Marechal da França.
Adolfo Hitler, ditador da Alemanha nazista.
Outras formas: Adolphe, Adolphus, Adolf.

ADRIAN

Etimologia: de origem Grega, do Grego *"Poderoso"* do Latin *"Os nativos da cidade de Hadria"*.

Características: são másculos, severos com um grande senso de justiça. Natureza muito ativa, minuciosos, grandes investigadores. Não são exigentes, pedem muito pouco a vida, muito fanáticos. Muito apegados às pessoas amadas. Tenros, amáveis, sabem como consolar as pessoas mais necessitadas. Fazem amigos com muita facilidade e sabem conserva-los. No amor extremamente ciumentos.

Santo: São Adrian oficial do Imperador Romano Galério convertido ao Cristianismo ao ver o valor dos mártires.

Celebridades: Um Imperador Romano, sete Papas e dez patriarcas russos.

ADRIANO (A)

Etimologia: Derivado de Adrian.

Características: sempre em atividade, de temperamento ardente, seus pensamentos são como um continuo turbilhão. Possuem um alto senso comercial, porem pouco sentido comum para outros aspectos da vida. Grande magnetismo mais nem sempre sabem utiliza-lo para fins construtivos. Destroem ilusões e cortam com o passado quase que com uma fúria feliz.

Celebridades: Adriana Lecouvreur, atriz trágica francesa do inicio do século XVIII.

AFONSO (A)

Em francês: Alphonse.
Em espanhol: Alfonso.
Em inglês: Alphonsus.
Em italiano: Alfonso.
Em alemão: Alfons.

Etimologia: de origem germânica, *"pessoa de ação nobre"*.

Características: Pessoas de inteligência desperta. Profundo amor próprio, com ideias ás quais se prendem muito fortemente. Refinados, espirituosos, sem maldade porem com certa tendência à preguiça.

Santo: Santo Afonso-Maria de Liguri, advogado napolitano e bispo que fundou a congregação dos redentoristas. Morto em 1787. São Afonso Rodriguez, jesuíta espanhol (1528-1616).

Celebridades: vários reis de Nápoles, Aragão, Portugal, e Espanha. Alphonse de Lamartine famoso poeta francês. Alphonse Daudet, novelista e dramaturgo francês. Alfonso I, fundador do reinado de Portugal em 1139. Alfonso, irmão de São Luis, conquistador do reinado de Tolosa.

Obra: "Monsieur Alphonse", comedia de Alexandre Dumas.

AFRA

Etimologia: derivado do Latim, Afer, Afro Africano.

AFRICA

Etimologia: nome dado ao Continente Africano, conhecido desde os tempos remotos, tem sido motivo a grandes especulações sobre seu significado. Do grego "*Aprica*" ou "*exposto ao Sol*". "*Aphriko*" ou "*sem frio*". Pela tribo "*Aourigha*" uma das primeiras que entraram em contato com Roma.

Celebridades: alguns países da Europa deram este nome a uma Virgem.

Derivados: Afra, Africano, este ultimo famoso militar romano que derrotou a Aníbal Barca, o conquistador.

AFRODISIO

Etimologia: de origem Grego, derivado do adjetivo "*Aprodisios*" ou "*amoroso*" e do nome de "*Afrodita*" Deusa do amor (posteriormente adaptada pelo Panteon Romano como Vênus) nascida d espuma do mar.

Características: pessoas voltadas para o amor em todas as suas formas de expressão. Inteligentes de grande sabedoria, porém um tanto preguiçosos, dóceis. Facilmente seduzidos pelo luxo e a ostentação.

AFRODITE

Etimologia: de origem Grega.

Celebridades: Deusa grega da beleza e o amor.

AGAPITO

Etimologia: de origem grega. "*Agapitós*" ou "*amável*" "*Ágape*" ou "*Caridade*", que acabou dando nome aos convites fraternais dos primeiros cristãos. Sinônimo, portanto, de amável.

ÁGATA

Em francês: Agathe.

Em inglês: Agatha.

Em alemão: Agatha.

Etimologia: de origem Grega "*bondosa e virtuosa*".

Características: pessoas refinadas, espirituais, muito amorosas e estão sempre com o espirilo desperto. Realizam-se nas tarefas mais humildes.

Santa: Santa Ágata, jovem de uma família nobre siciliana, nascida em Palermo, martirizada e torturada durante o mandato do Imperador Décio pelo seu apego a fé e caridade.

Celebridade: Agatha Cristie, escritora e novelista inglesa.

AGLAIA

Nome de uma das três graças da Mitologia Grega com Tália e Eufrosina.

Etimologia: de origem grega, "*resplendor e beleza*" que se pode interpretar também como "*a resplandecente*" igual a Actinea, Fungencio, Lucidio, Panfanero Radiante e Rutilo.

AGRIPINA

Etimologia: de origem romana "*Agripia*" significa, segundo Plínio, "*Aquela que nasce com os pés para fora*", ou seja, "*nascido de um parto difícil e doloroso*" "*agro*" primeiro "*pés*".
Agripinus foi famoso pela dissoluta mãe de Neron.

AGUEDA

Esta e uma forma mais comum do nome, ainda que também da mesma corrente de Ágata e Agracia.

Etimologia: de origem Grega "*Agathos*" "*bom*".

Santa: Santa Agueda, siciliana martirizada nos tempos de Décio.

AGOSTINHO

No francês: Augustín.

No Inglês: Austin.

No Alemão: Augustinus.

No Italiano: Agostino.

Etimologia: A mesma que para Augusto.

Santo: Santo Augustin (354 / 430) Um dos doutores mais famosos da igreja Ocidental.

São Agustín de Canterbury, venerado na Inglaterra sob o nome de Saint Austin, primeiro arcebispo de Canterbury, apóstolo da Inglaterra no século VI.

Celebridade: Augustín Thierry, historiador francês.

AIDA

Etimologia: Variante de Ada. Nome no qual se inspirou o escritor e roteirista "Piave" para criar o nome da heroína da Opera de Verdi. A partir deste começou a difusão do nome.

ALBA

Etimologia: de origem do alto Alemão.

Características: Pessoas de caráter amável, um pouco caprichoso, uma sensibilidade a flor da pele, muito emotivos ou são muito carinhosos ou ficam facilmente emburrados e ranzinzos. Muito possessivos, frequentemente preferem amar a ser amados. Possuem uma resistência surpreendente e uma vitalidade muito forte e por isso que as mulheres são excelentes amas de casa e gostam de trabalhos de interiores.

ALBERICO

Etimologia: de origem germânica, o significado e bastante discutível. Têm sido proposto *"Athal-bera"* ou *"urso nobre"* ainda que seja mais provável que a primeira componente seja "Alb" uma das formas de apresentar a palavra *"Elfo"* duende dos bosques. Um derivado famoso é *"Oberon"*.

Em Árabe, *"Alberic"* significa *"frondoso"* e é um topônimo muito normal que tem engendrado onomásticos.

ALBERTO

Em francês: Albert.

Em Inglês: Albert.

Em Alemão: Albrecht.

Em Italiano: Alberto.

Etimologia: de origem Alemã, *"de nobreza brilhante"*.

Características: Tímidos e empreendedores, ao mesmo tempo audaciosos e prudentes, influentes e tenazes, obstinados e flexíveis. Sua aparência e um tanto enganosa, às vezes, mesmo que não há hipocrisia em sua atuação.

Mesmo que estejam um tanto afastados, sempre estão dispostos a ajudar. Possuem um humor fácil, sabem agradar podendo facilmente evitar situações complicadas. São capazes de grandes paixões e de uma fidelidade inabalável. São Alberto "O grande" famoso monge Dominicano, bispo, confessor e médico que teve como discípulo Santo Toma de Aquino, morto em Colônia no ano de 1280, canonizado pelo Papa Pio XI. Patrono dos cientistas, naturalistas e químicos.

Celebridades: Numerosos imperadores, reis, príncipes na Europa principalmente Áustria, Alemanha, e Suécia.

Alberto I de Mônaco, rei da Bélgica e herói da primeira guerra mundial.

Alberto de Sajonia, esposado com a rainha Victoria.

Alberto Dürer famoso pintor alemão.

Albert Camus, escritor francês.

Albert Schweitzer filósofo, médico e músico francês.

Albert Einstein, físico alemão, pai da teoria da relatividade.

ALDO

Etimologia: de origem germânica, "*Ald*" ou "*crescido, velho, o maior*" e por analogia "*importante caudilho*". Este nome é muito usado na Itália.

Celebridades: Aldo Moro, famoso político italiano.

Aldo Fabrizi, ator.

Aldo Huxley, conhecido escritos.

ALEIXO

Em francês: Alexis.

Em Alemão: Alexius.

Em Italiano: Alessio.

Etimologia: a mesma que para Alessandro.

Santo: Santo Aleixo, de uma família Patriarca muito rica de Roma no século IV; renunciou as riquezas, fez peregrinação a Terra Santa e quando do seu regresso viveu pobremente na casa dos seus pais, Patrono dos mendigos.

Celebridades: Nome de vários imperadores de Constantinopla.

Uma obra muito conhecida e famosa "A vida de São Aléxis".

ALEXANDRE (A)

Em espanhol: Alejandro (a).

Em francês: Alexander.

Em Inglês: Alexander.

Em Italiano: Alessandro (a).

Etimologia: Origem Grega, "*O Protetor*" ou "*aquele que impele os inimigos*".

Características: Sonhadores; voam alto, muito ambiciosos, gostam da gloria, dedicam-se
principalmente para triunfar onde outros fracassam. Muito abnegados, afetuosos e dispostos a servir aos seres amados.

No amor fogem de romantismo exagerado, porem sob nenhum pretexto se rebaixariam a trair o ser amado. Adoram crianças. Uma vez casados dedicam-se por completo ao seu lar, às suas famílias.

Santo: Santo Alessandro I Papa e mártir em 117.

São Alessandro bispo de Jerusalém, discípulo e amigo de Orígenes, morto na cadeia.

São Alexander, patriarca de Alexandria no século IV que lutou contra Arrio.

Celebridades: Oito Papas levaram esse nome, assim como vários reis da Macedônia entre eles "Alexandre O Grande" Kzares russos, reis da Servia e da Grécia e especialmente Alessandro I da Yugoslavia, Alexander Jagellon, grande Duque da Lituânia e Rei da Polônia.
Alexandre Dumas, famoso escritor francês.

ALFREDO:

Em francês: Alfred.

Em inglês: Alfred ou Fred.

Em alemão: Alfred.

Em italiano: Alfredo.

Etimologia: de origem germânica, do alto alemão, forma bretona do nome Auffret.

Letra A | 19

Características: Pessoas reflexivas, tranquilas, solitárias, frequentemente obstinadas. Muito românticos, complacentes, detestam ostentação.

Santo: São Alfredo, bispo de Hidelsheim (Hanover), morto em 896.

Celebridades: Alfredo o grande, o mais celebre dos reis anglo – saxões (848-899), fundador da Universidade de Oxford. Alfred de Vigny, escritor francês.

Alfred M. Musset, escritor francês.

Alfred Hitchcock, famoso escritor e realizador.

ALICIA

Em francês: Alice.

Em inglês: Alice.

Em alemão: Alix.

Em italiano: Alissia.

Características: Têm um grande respeito pela sua pessoa, e sabem como tirar partido das coisas e do sucesso dos seus amigos. Têm uma grande habilidade de aproveitar seus recursos intelectuais. De caráter independente e temperamento dominador.

Santo: Santa Alicia, mártir de Nicodemia, sob o mandato do Imperador Diocleciano.

Celebridades: Alix de Champagne, esposa de Luis VII rei da França, mãe de Felipe Augusto.

Obra: "Alice no país das maravilhas" de Lewis Carroll.

ALMUDENA

Etimologia: de origem Árabe, "*Al – Medina*" "*a cidade*" um a das muitas avocações marianas espanholas, popularizada por pertencer a Virgem, patrona de Madri.

ALVARO

Etimologia: de origem Angla Saxônia, mais provavelmente identificada como "*All-wars*", ou seja, "*totalmente sábio, precavido*".

Característica: Inteligentes, extremamente dedicados ao trabalho chegando até o exagero, são bons parceiros, ótimos colegas de trabalho, prestativos, às vezes impulsivos e de caráter forte. Bons lideres demonstram muita habilidade de comando.

Celebridades: Álvaro de Bazan, famoso almirante.

AMÁVEL ou AMÁBILE

Em francês: Amable.

Em Italiano: Amabile.

Características: sabem utilizar sua amabilidade e simpatia devido ao seu caráter fácil. São tendenciosos a invejas e criticas. São portadores de uma inteligência, clara, rápida e sintética.

AMADA

Feminino de Amado.

Santa: Santa Amada, uma virgem que viveu em Champagne (França).

AMADEU

Em francês: Amadée.

Em inglês: Amadeus.

Em alemão: Amadeus.

Italiano: Amadeo.

Características: pessoas de uma inteligência muito aguçada são levados para as coisas mais elevadas. Comum estarem às vezes distraídos, porem sabem muito bem o que querem.

Celebridades: Bienheureux Amadée IX, Duque de Saboya (1435-1472). Amadeus Mozart, compositor austríaco. Amadée Achard famoso escritor francês.

AMADO

Em francês: Aimé.

Em inglês: Amy.

Em alemão: Amateus.

Etimologia: de origem latina, amado.

Este nome vem se utilizando desde os primórdios do cristianismo.

Santo: São Amado, arcebispo de Sens, morto em 690.

AMÂNCIO:

Celebridade: O Bispo de Rodes.

AMANDA

Etimologia: como Amanda provém do Latim. Muito usado em todos os países de língua hispânica e ou latinos.

Características: pessoas muito contraditórias em seu temperamento são, por momentos, arrojados em outros tímidos. Às vezes se mostram com ideias amplas e compreensivas e outras com uma marcante estreiteza de espírito. De atitudes muito francas frente à vida, demonstrando em todo momento seus verdadeiros sentimentos. A dualidade de pensamento e que os fazem duvidar continuamente nas suas eleições e preferências. O excessivo amor próprio com que pretendem ocultar suas debilidades é o que as prejudica até chegar a perder suas fortunas e as possibilidades de sucesso que a vida lhes oferece.

AMARO

Variante portuguesa de Mauro, aplicada especialmente a um santo discípulo de São Benito de Nursia. Também é usado como Audomaro, especialmente nas regiões mais agrestes da Europa.

Santo: Santo Amaro, peregrino francês do século XIII.

AMBRÓSIO

Em francês: Ambroise.

Em inglês: Ambrose.

Em alemão: Ambrosius.

Em italiano: Ambrozio ou Ambrogio.

Etimologia: de origem grega, "*divino imortal*".

Características: Independentes, de caráter forte, porém muito humanos, sabem julgar o bem do mal, justiça e seu ideal. O sucesso segue as pessoas que levam este nome.

Santo: São Ambrosio Arcebispo de Milão no século IV retornou a fé a São Agustinho que se tinha afastado, reformulou o canto sagrado e criou o ritmo Ambrosiano.

Celebridades: Ambroise Paré, famoso cirurgião francês.

Ambroise Thomas, compositor em Mignon.

AMELIA (O)

Em francês: Amélie.

Em inglês: Amélia e Amely.

Em italiano: Amalia.

Em alemão: Amália ou Amalberga.

Etimologia: Originário do Latim, "*negligencia*".

Características: Aparente segurança e tranquilidade. Adaptam-se com dificuldade ao meio, fazendo tudo o contrario o que é tradicional fazer em cada situação. Quando decidem tomar um caminho ou decisão vão até o final, salvando todos os inconvenientes. Frequentemente se oculta a verdade para eles mesmos.

Enganosos ainda que firmes de caráter.

AMIEL

Etimologia: de origem Hebraica. Reiterativo: "*Ammi-el*", ambas as partículas significam "*Deus*". Para outros interpretes significa "*Deus e meu povo*".

Obra: Personagens de Dario.

AMOS

Etimologia: Originário do Latim.

Celebridades: Amos foi o primeiro dos profetas escritores da Sagrada Bíblia.

AMPARO

Etimologia: Originário do Latim, *"Manuparare"* ou *"estender a mão, proteger"*.

Características: Sinceras, desprendidas, sentem-se como se fossem a mãe de todos os seres da terra, preocupadas com o bem estar alheio mais do que com o seu próprio. Bondosas e caridosas porem de caráter firme e seguro.

Nome muito popular nos países de língua hispânica, Espanha, México, Colômbia e outros da América do Sul. Patrona Virgem dos Desamparados.

ANA

Em francês: Anne.

Em inglês: Ann.

Em alemão: Anna.

Em italiano: Anna.

Etimologia: de origem Hebraica, *"Bem feitora, graciosa"*.

Características: Possuidoras de uma grande inteligência e bem equilibradas, são notáveis. Graciosas, amáveis e diligentes. Estão feitas para a vida amorosa. De natureza delicada, às vezes sentem a necessidade de se entregar a qualquer empresa. Forte vitalidade porem, às vezes, de manha, se estão de mau humor, estão dispostas a se desmanchar em lagrimas, logo depois a tarde são de uma eloquência extraordinária e estão sempre dispostas a conseguir todo o que desejam.

Santa: Ana, mãe da nossa santíssima Virgem Maria mãe de Jesus. É a Santa dos marceneiros, dos curtidores de peles e dos fabricantes de perfumes. Patrona em três cidades canadenses: Quebec, Montreal e Ottawa.

Celebridades: Nome de varias princesas: Rússia, França e Inglaterra.

Anne de Beaujeu filha de Luis XI regente do reino da França.

Ana de Áustria, esposa de Luis XIII e rainha da França.

Ana Bolena, mãe da grande Isabel e segunda esposa de Henrique VIII da Inglaterra.

Ana de Cleves, quarta esposa de Henrique VIII.

Ana Magnani, famosa atriz italiana.

Ana Karenina esposa do Kzar da Rússia historia contada por Tolstoi.

ANABEL:

Adaptação variante do nome Ana, portanto significado igual a Ana.

ANACLETO

Etimologia: de origem grega, "*Anakletos*" ou "*Chamado, solicitado*", também metaforicamente "*ressuscitado*".

Nome bastante comum nos primórdios do cristianismo.

Santo: São Anacleto, papa do século I.

ANANIAS

Etimologia: de origem Hebraica "*Hannah*" ou "compaixão" com a partícula "*iah*" que alude figuradamente a "*Jahvé*", cujo nome era impronunciável por respeito. "*Hannan-iah*" ou "*Deus tenha piedade*" (os mesmos elementos ao inverso formam o nome de João).

Celebridades: Nas Sagradas escrituras um dos companheiros de Daniel.

ANDRÉ

Em francês: André.

Em inglês: Andrew.

Em espanhol: Andrés.

Em alemão: Andreas.

Em italiano: Andréa.

Etimologia: de origem grega, *"Viril Valente"*.

Características: São muito inteligentes e realizadores. Gostam de se gabar com ideias pessoais, originais e imprevisíveis. Suas opiniões são muito seguras. Muito econômicos porem pouco generosos com os demais. São seviciais complacentes e muito exigentes no amor. Concedem muita importância a uma fidelidade absoluta.

Santo: Santo André, irmão de São Pedro um dos doze apóstolos de Jesus, foi martirizado amarrado a uma cruz em forme de "X", forma que se conhece desde então como cruz de Santo André. Patrono da Escócia e dos pescadores. Irmão Andrés do oratório de São José em Montreal.

Celebridades: André Gidé, famoso escritor francês.

André Chenier, poeta francês.

André Maurois, escritor francês.

André Masséna, Marechal da França.

André Marie Ampére, ilustre físico francês.

Andréa Del Sarto. Pintor italiano do inicio do século XVI. Este nome foi dado a vários reis da Hungria.

Obras: "André", de Georges Sand. "André Cornelis", de Paul Bourget.

ANGELA (O)

Em francês: Angele.

Em inglês: Ângela.

Em italiano: Angélica ou Angelina.

Em alemão: Angelika.

Etimologia: de origem grega, *"A mensageira"*.

Características: tudo lhes interessa, são cheias de imaginação e gostam de aparentar que sabem de tudo. Possuem um espírito vivo e gostam de aprender sempre mais. Às vezes são exaltadas, gostam de brincadeiras e não gostam de serem apressadas.

Santo: Santa Ângela de Merici, virgem fundadora da primeira Congregação das Ursulinas, morta em 1540.

Obras: "La belle Angelique", Heroína de Ronald o furioso de Ariosto. "Angele" de Henry Greville. No teatro de Moliere, Angelique personifica a ingênua, melancólica e amargurada.

ANGUSTIAS

Etimologia: originário do Latim, *"Angustus"* ou *"Angosto, difícil"*. Avocação Mariana alusiva a aflição da Virgem Maria durante a Paixão, sinônimo de dores.

ANIBAL

Etimologia: de origem fenícia, *"Hanan-Baal"* ou *"graça, benefício de Baal"* Deus imortalizado pelo caudilho vencedor dos romanos e vencido, mais tarde, por Escipião. Com tudo sua fama nos EUA deve-se ao nome da pequena cidade natal de Samuel Longorne Clemens, mais conhecido como Mark Twain.

Características: empreendedores obstinados, vencedores, não desistem facilmente de seus compromissos e assumem grandes desafios. Dificilmente aceitam uma derrota, são lutadores por natureza pelo que acreditam.

Celebridades: Aníbal Barca, general e conquistador Espanhol que atravessou os Pirineus, desde a Espanha até a França com seus exércitos cavalgando encima de elefantes.

ANICETO

Etimologia: originário do Latim, formado a partir do Grego *"não vencido".*

ANSCARIO ou ASCÁRIO

Etimologia: de origem germânica. *"Ans-gair"* ou *"dardo de Deus".* É a versão tradicional de Oscar, barrida nos últimos anos.

ANSELMO

Em francês: Anselme.

Em inglês: Anselm.

Em italiano: Anselmo.

Etimologia: de origem alemã, *"que leva o Elmo de Deus".*

Santo: São Anselmo nascido em 1033, monge da Abadia de Bec-Hellouin, na Normandia, e posteriormente arcebispo de Canterbury, morto em 1109.

ANTONIO

Em francês: Antoine.

Em inglês: Anthony.

Em alemão: Antonius ou Anton.

Em italiano e espanhol: Antonio.

Etimologia: de origem grega, *"que dá a cara aos seus adversários"*, do Latim *"o inestimável".*

Características: Seus Traços predominantes são o bom senso de justiça, lealdade, franqueza e a perseverança. Possuidores de gostos artísticos e são muito dados a meditação poética. Manifestam um forte interesse pela musica, pintura e filosofia. Levam o amor muito a serio, fieis e facilmente se apegam a uma pessoa. Revelam, também, alguns defeitos tais como: falta do sentido pratico e a pretensão, manifestando, às vezes, uma atitude de superioridade.

Santo: Santo Antonio o Grande, patriarca dos ermitãos. Patrono dos doceiros, dos açougueiros, do e negociantes de grãos.

Santo Antonio de Pádua, franciscano nascido em Lisboa em 1193, eminente teólogo e predicador popular. Patrono de Portugal, invocado por recuperar objetos perdidos. Patrono casamenteiro, invocado para conseguir casamentos principalmente entre as mulheres que procuram os maridos ideais.

Celebridades: Marco Antonio célebre General romano amante de Cleópatra.

Antonio Van Dyck, pintor flamenco.

Antonio fundador do teatro livre em 1887 e renovador no sentido do realismo mais completo.

Antoine Laurent de Lavoisier, famoso químico francês.

Antonio Rubistein, pianista e compositor russo.

Antoine de Saint Exupéry, aviador e celebre escritor francês.

Antoine Stradivarius, famoso violinista.

ANUNCIAÇÃO

Etimologia: originário do Latim, *"Annuntiatio"* de *"Ad-nuntio"*, ou *"anunciar, informar"*.

Aparece bastante usada a variante *"Anunciata"*, tomada diretamente da forma latina.

Nome mariano, invocador da Anunciação da Virgem Maria.

APOLINARIO (A)

Etimologia: Apolo foi a divindade romana da luz do sol e protetor das artes. Tudo indica que sua origem está em *"Ap"* ou *"longe"* e *"Ollymi"* ou *"falecer"* assim formando *"Aquele que se distancia da morte"* . Apelativo dado em agradecimento por ter salvado a Atenas de uma grave doença. Outros interpretes, os relacionam com o verbo *"Apollumi"* que significa *"destruição"* incluso com a voz germânica de *"Apfel"* ou *"Maça"*.]

O nome deu uma grande quantidade de derivados como consequência de sua fama: Apolíneo, Apolino, Apolodoro, Apolofanes, Apolônio e Apolinar ou Apolinário, *"consagrado"*, relativo a Apolo.

ARACÉLI

Invocação à Virgem.

Etimologia: do latim *"ara coeli, altar do céu"*.

Nome popularizado na Itália devido ao santuário com este nome, no cimo do monte Capitólio em Roma, na antiga elevação do templo pagão de Júpiter Capitulino.

ARANZAZU

Invocação basca da Virgem: Nossa Senhora de Arantzazu, apelativo composto de Ara-antz-a-zu, *"serra de abundantes picos"* topônimo que corresponde à realidade geográfica de Oñate (Guipúzcua), sede do santuário.

A etimologia popular traduz o nome por arantz-an-zu, *"tu no espinho"*, fazendo alusão à forma como milagrosamente a Virgem apareceu.

ARCÁDIO (A)

Gentílico da Arcádia, província grega do Peloponeso, terra de grande fertilidade, que mereceu o sobrenome de *"feliz"*. Ali se veneravam diversas divindades como Pan e a ninfa Aretusa.

ARQUIBALDO (A)

Etimologia: do anglo-saxão, procedente do antigo nome Erquembaldo, hoje esquecido, ainda que presente em outros derivados como Aribaldo etc. de Ercan, *"sincero"*, *"genuíno"* e bald, *"valente"*, *"audaz"*. Popular na Idade Média e logo abandonado conhece hoje, uma importante revitalização.

ARDUINO (A)

Etimologia: nome tipicamente germânico, formado da palavra Hard, *"forte, duro"* e o sufixo win *"amigo"* ou simplesmente uma adjetivação. O adjetivo *"forte"* é um dos mais correntes nos nomes masculinos.

ARIADNE

Etimologia: do grego Ari-adné, *"muito santa"*.

Nome que goza atualmente de um forte apogeu, frequentemente confundido com Ariana, de origem similar. Pessoa célebre, filha de Minos, infeliz amante de Teseu, que a ele deu um novelo para poder orientar-se no Labirinto do Minotauro.

AQUILES

Etimologia: do grego *"aquele de belos lábios"*.

Traços que caracterizam: vontade firme, confiança em si mesmo e gosto pelo estudo. Sensibilidade ardente e caráter brusco, passageiro, apesar de que geralmente agradável. Sabem apresentar-se em público e têm astúcia suficiente para tornarem-se ricos.

ARISTIDES

Etimologia: do latim, semelhante ao grego, *"o melhor"*.

Características: suas características são o ardor e uma plena confiança em si mesmos.

Santo: São Aristides, filósofo ateniense do século II, convertido ao cristianismo.

Celebridades: este nome foi o portador de um dos melhores e mais ilustres cidadãos de Atenas na antiguidade.

Aristides Briand, político francês.

Aristides Boucicaut, filantropo francês.

ARMANDO (A)

Em francês: Armand.

Em italiano e espanhol: Armando.

Não se utiliza nos países germânicos ou anglo-saxões.

Etimologia: do latim, *"estar armado"*.

Características: caracteriza-se por uma inteligência avaliadora e calculista, um espírito positivo e cético e uma vontade de ferro. Brincalhões e espirituosos apresentam uma fácil elocução e sua boa memória permite-lhes recordarem-se dos mínimos detalhes. Adaptam-se com facilidade a qualquer tipo de emprego. São afetuosos e sua necessidade de compreensão leva-os a situações enganosas em que facilmente se deixam cair.

Celebridade: Armand Salacrou, dramaturgo francês.

ARNALDO (A)

Etimologia: do germânico: Arin-ald, *"águia governante"*, ou figuradamente, *"forte caudilho"*, pelas virtudes simbólicas da águia.

Nome em desuso na Idade Moderna e ressuscitado hoje. Algumas vezes confundido com Arnolfo.

ARSÊNIO

Etimologia: do grego, *"Macho"*.

Santo: São Arsênio, preceptor em primeiro lugar de Ardadim, filho do imperador Teodoro, o Grande.

Celebridade: Arsênio de Arsonval, físico francês.

Obra: Arsênio Lupin, personagem novelesco de Maurice Leblanc.

ARTUR

Em francês, inglês e alemão: Arthur.

Em italiano e espanhol: Arturo.

Etimologia incerta: do celta significa *"pedra"* ou *"urso"*.

Características: de aparência reservada, porém, seguros de si, vão ao fundo das coisas e não abandonam facilmente um assunto que tenham empreendido. De sangue frio e tenacidade têm um caráter minimamente influenciável e um profundo coração.

Celebridades: Artur é um rei legendário do país de Gales, no século IV. O venerável Arthur Bell, franciscano, martirizado na Inglaterra, no século XVII.

Artur Toscanini, célebre maestro italiano.

Artur Rimbaud, poeta simbolista francês.

Arthur Schopenhauer, filósofo alemão.

O príncipe, Arthur de Connaught, filho da rainha Vitória.

ASPÁSIA

Etimologia: do grego, Aspásia, *"bem-vinda, desejada"*, possivelmente aplicado como fórmula natalina de bom augúrio.

Celebridade: Nome imortalizado pela amante de Péricles, o político grego que deu nome à época de maior esplendor cultural do seu país.

ASTRIDE ou ASTRID

Etimologia: forma nórdica de Anstruda, Ans-trud, *"Força de Deus"*.

Celebridade: Astride da Bélgica, rainha do primeiro terço do século XX.

ASSUNÇÃO

Etimologia: do latim, assumo *"atrair para si, assumir"*.

Nome hispânico inspirado na comemoração da passagem da Virgem "assumida" por Deus.

ATANÁSIO (A)

Etimologia: do latim, formado a partir do grego, *"imortal"*.

Santo: Santo Atanásio, patriarca de Alexandria, um dos padres e doutores mais ilustres da Igreja; foi exilado cinco vezes e lutou contra a heresia de Arrio com a palavra e com a pluma, morreu em 373.

ATAULFO (A)

Variante de Adolfo.

Celebridade: Rei godo, esposo de Gala Placídia e primeiro monarca espanhol efetivamente independente.

ATOCHA

Etimologia: nome de uma invocação mariana. Defende-se que a imagem primitiva trazida a Madri, foi cultuada numa ermida contígua a campos de esparto, gramínea, do árabe *"taucha"*, esparto.

Talvez seja mais acertado atribuir a origem palavra a uma deformação de Antióquia, suposta procedência da imagem da Virgem.

AUGUSTO (A)

No francês: Auguste.

Em inglês: Augustus.

Em alemão: August.

Em italiano: Augusto.

Etimologia: do latim, consagrado pelos augúrios, *"majestoso, ou aquele que se exalta"*.

Características: são bem equilibrados, inteligentes e compreendem bem os problemas da vida. São de natureza franca, amorosa e afetuosa.

Antes de aventurarem-se a qualquer risco, refletem amplamente e a seguir atacam o problema.

Seu único defeito é a suscetibilidade.

Santo: Santo Augusto que viveu em Burgos, no século VI.

Celebridades: Augusto, primeiro imperador romano.
Augusto Comte, matemático e filósofo francês.
Augusto Rodin, escultor.
Augusto Piccard, físico suíço.

Obra: Corneille elevou Augusto ao teatro em Cina ou A Clemência de Augusto.

AUREA (O)

Etimologia: do latim Áureus, *"de ouro, dourado"* e, figuradamente *"encantadora, bela"*, em referência a Vênus, denominada com este apelativo pela riqueza dos seus templos.

Santa: Santa Áurea, mártir famosa degolada em Sevilha no século IX, conhecida também por Uria e cantada por Gonçalo de Berceo.

AURÉLIA

Etimologia: do latim, *"a que brilha"*.

Santos: Santo Aurélio, bispo de Cartago no século IV.
Santo Aureliano, arcebispo de Arles, mártir do século VI.

Características de Aurélia: espontânea e rebelde em todas as suas manifestações, possui uma grande virtude: a lealdade. Elas são fiéis a seus amigos e no amor o que as torna muito queridas entre todos que a rodeiam.

Santas: Santa Aurélia, virgem romana do século III, martirizada no tempo do imperador Valeriano.
Santa Aurélia, filha de Hugo Capeto e irmã do rei Roberto.

AURORA

Etimologia: do latim, a aurora, "*o clarear do dia*".

Características: são sonhadoras, novelescas e graciosas.

Celebridades: deusa da aurora entre gregos e romanos, sempre enamorada e denominada "Aurora dos dedos de rosa". Aurora de Koenigsmark, mãe do Major da Saxônia e avó de George Sand.

AUXILIADORA

Invocação da Virgem, criada e popularizada por São João Bosco que se inspirou na jaculatória das ladainhas, Auxulium Christianorum, auxílio dos cristãos, acrescentada pelo Papa São Pio V, depois da vitória de Lepanto. Similar a outras invocações como: Socorro, Sufrágio Amparo...

AVELINO (A)

De santo André Avelino, século XVII, cujo nome era uma alusão à sua cidade natal, Avelino, capital da região italiana de Abela (de onde se originou o nome de avelã ou" nozes de Abela)" .

AZARIAS

Etimologia: do hebreu, formado com a raiz de Azo, Azas, "*forte*" e o sufixo - iah, "*Deus*": socorro, auxílio de Deus.

Celebridades: companheiro de Ananias e Misael, atirado a um forno por negar-se a adorar a estátua do rei Nabucodonosor.

BALDUINO

Em francês: Baudouin ou Baudoin.
Em inglês: Baldwin e Bowden.
Em alemão: Baldwin.
Etimologia: do alto alemão, "*companheiro valente e alegre*".
Características: são pessoas dotadas de natureza firme, apesar de fechadas. Carecem de sentimentalismo e são obstinadas.
Santo: Santo Balduino, filho de São Blandim e de Santa Salabergia, canônico em Laon, assassinado em 677.
Celebridades: nove condes de Flandres e seis condes de Hainaut, dentre os quais figura Balduino de Jerusalém.
Balduino I, rei da Bélgica.

BALTASAR

Etimologia: do assírio.
Santos: São Baltasar, um dos três Reis Magos, que se supõe terem sido batizados por São Tomé, o apóstolo ou Tomás de Aquino.
Celebridade: o último rei de Babilônia
Obra: O pastor Baltasar, personagem de "A Arlesiana" de Afonso Daudet.

BÁRBARA

Em francês: Barbe.
Em inglês, alemão, italiano e espanhol: Bárbara.

Etimologia: do latim: "*a estrangeira*".

Características: elas revelam uma inteligência acima da média; de natureza sentimental, mas isentas de caprichos, podem ser resmungonas.

Santa: Santa Bárbara, virgem e mártir, em Nicomédia, em 235, seu próprio pai cortou-lhe a cabeça. Padroeira da morte dos mineiros, dos talhadores de pedra, dos artilheiros, dos armeiros, dos arquitetos, dos marinheiros dos sapadores e dos cozinheiros.

Celebridade: Bárbara Streisand, estrela do cinema americano.

BARTOLOMEU

Em francês: Barthélomy ou Barthélomi.

Em inglês: Bartholomew.

Em alemão: Bartholomoeus.

Em italiano: Bartolomeo.

Em espanhol: Bartolomé.

Etimologia: do aramaico, "*filho daquele que detém as águas*".

Características: pessoas de natureza ordenada e de caráter dócil, porém manifestam tendência à inveja e à crítica. Têm senso de justiça o que os livra das intrigas.

Santo: Santo Bartolomeu, apóstolo nascido em Canaã, na Galiléia, pregou o Evangelho no Oriente, até os limites da Índia. Padroeiro dos curtidores, dos açougueiros e dos alfaiates.

Celebridades: Bartolomeu Diaz, navegante português que descobriu o Cabo da Boa Esperança e foi o primeiro a contornar o continente africano pelo sul.

BASÍLIO (A)

Etimologia: do latim, formado a partir do grego, "*rei*".

Características: Tranquilos, comedidos e reflexivos.

Seu defeito é a falta de tato e de finura.

Santo: São Basílio, o Grande, doutor da Igreja, arcebispo de Cesaréia, na Capadócia, filho de Santa Emília e de São Basílio, o Antigo.

Obra: Basílio em O Barbeiro de Sevilha, de Beaumarchais.

BADÍLIO

Etimologia: desconhecida, talvez relacionada com Baudus, "*bobo*", em latim arcaico, ainda que pareça inegável a presença, talvez por atração fonética, do celta "*Bald*", vitória. Muito popular na Catalunha soba forma de "*Baldiri*" e "*Boi*". E do mesmo significado, admitindo a hipótese celta, seriam: Almansur, Aniceto, Estêvão, Lauro, Nicanor, Siglinda e Vítor.

BATISTA

Em francês: Baptiste.

Em inglês e alemão: Baptiste.

Em italiano: Battista.

Em espanhol: Bautista.

Etimologia: do grego, "*o que submerge na água*", o que batiza.

Originariamente não é um nome, mas sim, o sobrenome dado a João, que batizou a Jesus às margens do Jordão. O nome primitivo completo era João Batista.

Características: são simples, cheios de bondade e fáceis de enganar. Pontuais, razoáveis, dominam pela integridade do seu coração.

Santo: São João Batista é o padroeiro dos canadenses franceses.

Celebridades: João Batista Poquelin, Molière, dramaturgo cômico francês. Baptiste Debureau, mímico do século XIX.

BEATRIZ

Em francês: Béatrice ou Béatrix.

Em inglês: Beatrix.

Em alemão e italiano: Beatrice.

Etimologia: do latim, "*a bem-aventurada*".

Características: de inteligência aberta e clara; possuem uma grande dignidade moral; são muitas vezes, originais e não vacilam em lançar--se a uma vida tumultuosa. Possuem gosto artístico, são cheias de confiança em si mesmas, não são suficientemente precavidas contra as desilusões.

Santas: Santa Beatriz, romana, martirizada com seus irmãos, no século IV. Bem-aventurada Beatriz de Este, casada e ao tornar-se viúva, entrou para a ordem das Beneditinas; morreu em 1262.

Celebridades: algumas tantas princesas.

Beatriz Portinari, a florentina que Dante amou com amor ideal e que o inspirou a criar sua Divina Comédia. A princesa Beatriz dos Países Baixos.

BEGÔNIA

Nome basco popularíssimo, composto de Beg-oin-a, *"lugar da colina dominante"*, aplicado à situação topográfica do santuário da Virgem correspondente.

O nome não tem nada a ver com Begônia (tomado do nome de uma flor dedicada ao naturalista Bégon).

BELÉM

Etimologia: do hebreu Bet-lehem, *"casa do pão"*, que deu nome à localidade palestina onde nasceu Jesus Cristo, (hoje Beitel-Lahm). Utilizado como nome de batismo feminino.

BELINDA

Etimologia: nome germânico composto de Bern *"urso"* e lind *"escudo"*: *"defesa do guerreiro"*. Por influência dos usos anglo-saxões, o nome passou paulatinamente, a ser considerado como uma variante de Belém.

Celebridade: Esposa de Rolando, célebre paladino franco.

BENITO (A)

Em francês: Benoît. Benoîte.

Em inglês: Benedict. Bennet.

Em alemão: Benedikt. Benedikta.

Em italiano: Benito e Benedetto. Benedetta.

Etimologia: do latim, bem dito, *"bendito" "abençoado".*

Características: São de natureza complacente, de caráter funâmbulo e um pouco hipócritas.

Santos: São Benito, abade, fundador do célebre mosteiro de Monte Cassino e da ordem dos Beneditinos, no século VI, patriarca dos monges do Ocidente. Padroeiro da Europa, dos espeleólogos, dos arquitetos, dos agricultores, dos que entendem de cavalos e montam bem, dos que dirigem máquinas.

São Benito de Aniane restaurador da disciplina monástica no Império Carolíngeo.

Celebridades: Quinze papas, um dos quais foi canonizado.

Benito Mussolini, ditador italiano.

BENJAMIM

Etimologia: do hebraico, *"filho predileto".*

Características: são pessoas generosas, afetuosas, amáveis e aduladoras. Entretanto são um pouco caprichosas e não lhes agrada preocupar-se com a vida.

Santos: São Benjamim, diácono martirizado na Pérsia, século V.

Celebridades: Benjamim Constant de Rebecque, político e escritor francês. Benjamim Franklin, inventor do para-raios.

Benjamim Disraëli, novelista e homem de estado inglês.

BERENGÁRIO (A)

Etimologia: do germânico, Berin-gari, *"lança do urso"*, ou seja, *"do guerreiro"*.

Ou de Warin-gari, lança protetora.

Celebridades: Forma catalã de Berengário, ressuscitada nos últimos anos, talvez em memória dos primeiros Condes de Barcelona, nos séculos XI –XII.

Rainha de Leão no século XII.

BERENICE

Etimologia: da forma macedônia do grego, Pherenike, *"portadora de vitória"*, assimilado posteriormente a Verônica.

Celebridade: Princesa egípcia, esposa de Ptolomeu III Evergetes, que mereceu que lhe fosse dedicado o nome a uma constelação, a Cabeleira de Berenice.

BERNABÉ ou BARNABÉ

Etimologia: do aramaico, *"filho da consolação"*.

Características: São pessoas flexíveis, sólidas e com sangue frio. Seguem uma linha reta, sem mudanças intempestivas.

Santo: São Bernabé, um dos setenta discípulos, colaborador de São Paulo, nas missões da Ásia Menor; foi apedrejado pelos judeus e martirizado em Salamina.

Padroeiro de Chipre e dos tecelãos.

Celebridade: Bernabé Brisson, magistrado francês.

BERNARDO (A) ou BERNARDINO (A)

Em francês: Bernard, Bernardette ou Bernarde.

Em alemão: Bernhard, Bernharde.

Em italiano: Bernardo, Bernardetta.

Em inglês: Bernard, Bernardette.

Etimologia: do alto alemão, *"urso, audaz".*

Características: são pessoas dotadas de uma personalidade muito forte e sentem-se atraídas pelas coisas do espírito e pelos trabalhos intelectuais. De bom coração, têm muito valor e são modestas. Com brilho social, logo buscam lealmente seu caminho e seguem adiante com um sorriso nos lábios. Gostam de viver rodeados de amigos que, em geral, são eles mesmos procuram. Quando se decidem a amar, fazem-no profunda, tranquila e seriamente e são chamadas a conhecer a felicidade no matrimônio.

Santos: Santa Bernarda ou Maria Bernarda, chamada Bernardete Soubirous (1844-1879), filha de um pobre moleiro de Lourdes, a quem a Santa Virgem se lhe apareceu por várias vezes às margens do Gave, onde se encontra hoje a célebre peregrinação.

São Bernardo (1091 – 1153), abade de Clairvaux, fundador da ordem dos Bernardinos. São Bernardo de Menthon (923-1008), fundador dos orfanatos do Monte São Bernardo. São Bernardo é o patrono dos alpinistas e dos esquiadores.

São Bernardino de Sena (1380-1444), da ordem dos Irmãos Menores; dedicou-se ao serviço dos enfermos durante a peste que causou estragos em Sena em 1400. São Bernardino é o patrono dos publicitários e dos jornalistas.

Celebridades: Bernardin de Saint Pierre, escritor francês, autor de Paul et Virginie. Bernard Shaw, dramaturgo irlandês, Bernard Palissy, ceramista francês do século XVI.

BERTA ou BERTIN

Em francês: Berthe.

Em inglês e alemão: Bertha.

Em italiano: Berta.

Etimlogia: do alto alemão: *"ilustre, brilhante".*

Características: dotados de boa memória, têm inteligência média e caráter amável, espírito prático e muito bom gosto. São de natureza alegre, com temperamento cheio de vivacidade. São generosas e agrada-lhes demonstrar amizade com numerosos presentes e outros sinais de simpatia para com os amigos. São boas donas de casa e gostam dos trabalhos domésticos; são leais e sensuais. Geralmente se casam tarde ou permanecem solteiras. Bertim.

Características: no geral muito tranquilos, rejeitam o contato com a vida e fecham-se em si mesmos. Afetuosos, fiéis, leais, não são presunçosos e adaptam-se com facilidade. Seu ponto frágil é a glutonia.

BERTRÃO

Em francês: Bertrand.

Em inglês e alemão: Bertram.

Em italiano: Bertrando.

Etimologia: do alto alemão: *"o corvo brilhante".*

Características: são combativos e por vezes violentos. Inclinam-se mais à vida ativa do que às especulações intelectuais. São muito inteligentes e suas faculdades abarcam um grande número de temas. Muito persuasivos, raramente não conseguem convencer seus interlocutores.

Santos: São Bertrão de Comminges, segundo fundador e bispo desta cidade, morreu em 1123.

Celebridade: Bertrand de Bar-sur-Aube, poeta francês.

BETSABÉ ou BETSABEL

Etimologia: do hebraico, Bat-sheva, *"sétima filha"*, para outros, de Bat-seva, *"a opulenta".*

Celebridade: Bíblica esposa de Urias e causa da morte deste, depois de ser seduzida por Davi.

BENVINDO (A)

Etimologia: do latim *"que chega bem".*

Celebridade: Bem-aventurado Benvindo, discípulo de São Francisco, morto em Corneto, na Pouille, em 1232.

BRANCA ou BIANCA

Em francês e inglês: Blanche.

Em alemão: Bianka.

Em italiano: Bianca.

Etimologia: do alemão, *"brilhante, pura"*.

Características: são de natureza um pouco fantástica e deixam-se levar pela sua imaginação. Com frequência tomam seus sonhos como realidades. São simpáticas, de caráter bastante vivo e de natureza amorosa e afetuosa.

Celebridades: Branca de Castela, rainha de França, mãe de São Luiz. Branca de Navarra, esposa de Felipe VI.

Obras: Branca de Neve, de Hans C. Andersen, a quem deu vida, Walt Disney.

BLÁS

Etimologia: do grego, *"o coxo"*.

Características: Gozam de um espírito mais profundo que brilhante e de um caráter tenaz que os incita a levar a cabo o que haviam decidido.

Santo: São Blás, bispo e mártir em Sebastopol, na Capadócia, início do século IV. Padroeiro dos cardadores, dos tecelãos, dos pedreiros e dos carpinteiros.

É invocado contra as dores de garganta.

Celebridade: Blás Pascal, matemático, físico, filósofo e escritor francês.

BONIFÁCIO

Etimologia: do latim, bonum faciens, *"que faz o bem"*.

Santo: São Bonifácio, monge inglês, evangelizador da Frígia e da Alemanha, proximidades de Dokkum em 754.

Celebridades: Nove papas.

Letra B | 45

BRAULIO (A)

Etimologia: há indicação que procede do germânico, Brand, *"fogo, espada"*, e também Brau, *"touro"* e Raw, *"cruel"*, ainda que sua origem não esteja clara.

BRENDA ou BRANDÃO

Etimologia: nome anglo-saxão, procedente do céltico Bre-finn, *"ar hediondo"* ou de Bran, *"corvo"*. Feminino de Brandão, e mais, em espanhol: "Brandano, Brendán ou Borondón", pois com todos estes nomes é conhecido um famoso santo irlandês do século VI protagonista de algumas maravilhosas viagens marítimas que lhe valeram tornar-se o padroeiro dos navegantes".

BRÍGIDA

Em francês: Brigite.

Em inglês: Bridget.

Em alemão: Brigitta.

Em italiano: Brígida.

Etimologia: do latim, formado através do irlandês, *"poderosa, a que une"*.

Características: são sérias, encantadoras, graciosas, amáveis e distintas. No amor, são reservadas e doces.

Santas: Santa Brígida (1302-1373), originária de uma família sueca de sangue real, casada com Ulf Gudmarson, teve oito filhos, entre os quais figura Santa Catarina da Suécia. Após a morte do seu marido fundou um mosteiro. Teve revelações.

Santa Brígida (453- 523), fundadora de vários mosteiros na Irlanda. Padroeira da Suécia e da Irlanda.

Celebridades: na mitologia dos celtas da Irlanda, Brígida figurava entre as deusas. Brigitte Bardot, estrela do cinema francês.

Obra: Brigitte, heroína moderna criada por Berthe Bernage.

BRUNILDA

Etimologia: de Brun-hilde *"guerreiro armado"*.

Obra: nome de uma Valquíria, popularizada por uma ópera de Wagner.

BRUNO

Em francês: Bruno.

Em inglês: Bruno.

Em alemão: Bruno.

Em italiano: Bruno.

Etimologia: do alemão, *"marrom"*.

Características: com frequência são orgulhosos, sérios, reflexivos e distintos.

Possuem gosto intelectual e artístico e são um pouco tímidos.

Santo: Santo Bruno nasceu em Colônia, (1030), fundador da Ordem dos Cartuxos, próximo a Grenoble, na França. Morreu na Calábria, onde fundou uma nova cartuxa, em 1011.

Celebridades: Bruno Walter, maestro alemão.

BOAVENTURA

Etimologia: do latim, *"bem chegado"*, aquele para quem os acontecimentos são felizes.

Características: levam uma vida de satisfações e boa sorte. Estão predispostos a emboscadas produzidas por espíritos mesquinhos que não podem lograr seus mesmos triunfos, devendo precaver-se contra a inveja e a traição.

Santo: São Boaventura, doutor da Igreja, denominado "Doutor Seráfico" (1221-1274). Padroeiro da produção têxtil em Laval, na França.

Celebridade: Boaventura Despériers, contista francês.

CALISTO

Etimologia: do grego, Kállistos, *"belíssimo"*.

Características: O qualificativo *'bela"* é provavelmente o mais aplicado aos nomes femininos.

Santos: Papa do século III. Santo Oscense

Celebridade: Nome aplicado à ninfa Calisto, que por longos anos reteve por amor a Ulisses, o herói da Odisséia.

CAMÉLIA

Etimologia: do latim, camellus, "camelo". Nome inspirado no da flor da Ásia tropical, batizada, camélia por Lineu em honra do seu introdutor na Europa, o jesuíta italiano, Camelli, no séculoXVIII.

CAMILO (A)

Em francês: Camille.
Em inglês: Camillus, Camilla.
Em alemão: Camill.
Em italiano: Camillo, Camilla.

Etimologia: do latim, Camillus, *"que serve no altar"*.

É um dos poucos nomes franceses que se utilizam tanto para meninos como para meninas.

Características: são de natureza abnegada, porém, de humor instável, nunca se sabe se estão sérios ou zangados. São sentimentais, independentes, de uma inteligência sutil e são mais bem influenciados.

Santos: São Camilo de Lélis, fundador dos Camilenses, ordem que tinha como finalidade o cuidado dos enfermos; morreu em 1614 e é o patrono dos Camilos. Padroeiro dos enfermeiros e das enfermeiras. Santa Camila, virgem dos arredores de Auxerre, século V, é a padroeira das Camilas.

Celebridades: Camila rainha dos Volscos e heroina da Eneida.

Camila, irmã dos Horácios.

Camille Saint-Saëns, compositor francês.

Camille Desmoulins, advogado e jornalista francês.

CANDELÁRIA

Etimologia: do latim candella de candeo, "*arder*". Invocação mariana alusiva à Purificação em cuja festa se celebram procissões com candeias acesas.

Nome muito usado nas Ilhas Canárias.

CÂNDIDO (A)

Etimologia: do latim.

Celebridade: Mártir em Roma no século III.

Obra: Cândido, conto filosófico de Voltaire.

CARINA

Etimologia: do italiano.

Celebridade: Mártir em Ankara.

CARLOS, CARLOS MAGNO

Em inglês e em francês: Charles.

Em alemão: Karl.

Em italiano: Carlo.

Feminino: Carlota.

Em inglês e francês: Charlotte.

Em alemão: Karla.

Em italiano: Carlotta.

Etimologia: do germânico formado através do latim, *"vigoroso ou magnânimo"*.

Características: possuem uma memória muito boa, são equilibrados, inteligentes e cheios de imaginação. Têm um espírito prático, astuto, um sentimentalismo ardente que inclusive até poderia ser tachado de violento. São generosos, têm a facilidade do gesto e da palavra, coisa que é o principal objeto da sua popularidade. São dotados, sobretudo para as letras e as artes. Fazem excelentes casamentos, pois, pelo ser amado, não rejeitam nenhum sacrifício.

Santos: São Carlos Borromeu, (1538-1584), arcebispo de Milão, que tomou a iniciativa da publicação do catecismo do Concílio de Trento.

Personalidades célebres: dez reis da França, quatro reis da Espanha, quinze reis da Suécia, vários reis de Navarra, de Nápoles e de Anjou, duques de Borgonha e de Lorena, soberanos e príncipes ingleses, príncipes de Sabóia e da Sardenha.

Charles Dickens, novelista inglês.

Charles Gounod, compositor.

Charles Montesquieu, escritor e filósofo francês.

Charles Baudelaire, poeta francês.

Charles de Gaulle, general e estadista francês,

Charles Chaplin, ator cômico.

Charles Azsnavour, astro da moderna canção francesa.

Charles Boyer, astro do cinema Francês e americano.

Carlota Corday, patriota que matou Marat.

Carlota da Baviera, a mãe do regente, chamada a princesa Palatina.

Carlota de Nassau, a grã-duquesa de Luxemburgo.

Obra: Carlota, heroina de Werther.

CARMEN

Etimologia: Latim, *"canto, poema"*. Derivado de uma ordem das Carmelitas da Palestina.

Características: **de** natureza fogosa, são apaixonadas, violentas, intrépidas, encantadoras e sedutoras.

Obra: novela curta de Próspero de Mérimée que deu origem a uma ópera cômica com libreto de H. Meilhac e L. Halévy com música de G.Bizet. Balé de R. Petit.

CAROLINA

Etimologia: do germânico através do latim. Derivado de Carlos.

Características: São muito independentes, tímidas e dispostas a enfrentar suas responsabilidades familiares. São muito encantadoras, têm muita graça e estão muito apegadas aos pequenos prazeres da vida de espírito um pouco leviano, são maliciosas e zombadoras. Em geral possuem uma bonita voz e estão dotadas para a música. Formam excelentes matrimônios, apesar de que frequentemente sejam mais amadas do que elas amassem.

Celebridades: a princesa Carolina Murat, irmã de Napoleão, Carolina de Brunswick-Wolfenbüttel, esposa de Jorge IV, rei da Inglaterra. Carolina de Mônaco.

Obra: Caroline Chérie de Cecil Saint-Laurent.

CASSANDRA

Etimologia: do grego, Kassandra, *"protetora dos homens"*.

Obra: Personagem da Ilíada, clarividente, cuja profecia (entre elas, a queda de Tróia, por causa dos guerreiros ocultos no interior do famoso cavalo), sempre certas, não eram jamais acreditadas.

CASIMIRO (A)

Etimologia: do eslavo, *"amo(a) da casa"*.

Santo: Santo Casemiro, filho do rei Casemiro IV, morto em Vilnius, em 1484, patrono da Lituânia, venerado também pelos poloneses.

Celebridade: Casimir-Pierre Périer, rico banqueiro e político, nascido em Grenoble, França.

Obra: Casimir, película francesa representada por Fernandel.

CASTO (A)

Características: são pessoas de uma forte vontade.

Não têm nenhuma fantasia, nenhuma frivolidade, nenhuma leviandade nem no espírito, nem no caráter.

Com uma inteligência prática, desejam avançar com eficácia.

São profundamente sinceros.

CATARINA

Em francês: e inglês: Catherine.

Em alemão: Katharina.

Em italiano: Caterina.

Etimologia: do grego *"pura, casta"*.

Características: são mulheres superiores, orgulhosas e ambiciosas tal como se pode comprovar pela história em que desempenharam um papel primordial no plano político e literário.

São as perfeitas organizadoras da própria vida e sabem enfrentar as situações que exigem bom discernimento e com frequência muita audácia. Práticas e ativas, inclusive, temerárias e estudam as situações com grande prudência. Finas, distintas, um pouco presunçosas, agrada-lhes paquerar e geralmente se convertem em grandes namoradas. Gostam dos homens e buscam os que são superiores a elas.

Santas: Santa Catarina de Alexandria, cujo nome pagão era Hecaterina, era filha do tirano egípcio, Cestro. Era tão sábia como bela. Virgem e mártir, decapitada em 305; seu colo, segundo a lenda, deixou correr um rio de leite, de que, a Igreja de Santa Catarina de Burgos, em Roma, conserva um frasco.

É venerada no Egito como Santa Dimiana. Padroeira das jovenzinhas, dos estudantes, dos filósofos, dos teólogos, dos lenhadores, dos moleiros, dos notários, dos cardadores e da Itália.

Santa Catarina da Suécia (1335-1381), segunda filha de Santa Brígida.

Santa Catarina de Sena (1347-1380), dominicana que obteve, com sua intervenção, o final do Cisma do Ocidente.

Santa Catarina Labouré (1806-1876), filha de São Vicente de Paulo, a quem se lhe apareceu a Santa Virgem.

Celebridades: numerosas soberanas, principalmente na Inglaterra e na Rússia.

Catarina II, a grande imperatriz da Rússia.

Catarina de Médici, esposa de Henrique II, mãe de Francisco II, Carlos IX e de Henrique III.

Catarina de Aragão, primeira mulher de Henrique VIII.

Catarina Parr, sexta e última esposa de Henrique VIII.

Catarina Deneuve, estrela do cinema francês.

Catarina Hepburn, estrela do cinema americano.

CAETANO (A)

Etimologia: do latim Gaius, *"alegre"* ainda que mais provavelmente de Caieta, hoje Gaeta.

Celebridade: ama de Enéias, morta e sepultada nas praias de Gaeta. Nome muito popular na Itália, sob a forma de Gaetano.

CECÍLIA

Em francês: Cécile.

Em inglês: Cecilia.

Em alemão: Cäcilie.

Em italiano: Cecilia

Etimologia: do latim formado sobre o romano: *"cega"*.

Características: É um nome cheio de harmonia e de doçura, que evoca uma mulher um pouco distante. Geralmente são muito elegantes, tranquilas, cheias de energia e sensuais.

Santas: Santa Cecília, virgem e mártir em 230, converteu seu irmão, Tibúrcio e seu noivo, Valeriano, que sofreram o martírio com ela. Padroeira dos músicos e dos fabricantes de instrumentos, pois conforme as atas dos mártires era acompanhada de um instrumento para cantar louvores a Deus.

Celebridade: Cecília Sorel, comediógrafa francesa.

CECÍLIO

Celebridades: Cecil Rhodes, colonizador de uma parte do sul da Africa. Cecil Saint-Laurent, novelista contemporâneo, autor de Caroline Chérie. Cecil Frank Powel, físico britânico.

CÉLIA ou CÉLIO

Etimologia: do latim. Derivado de Cecília.

CELESTE ou CELESTINO (A)

Etimologia: do latim, *"filho do céu"*.

Celebridade: Segundo bispo de Metz.

Santos: São Celestino I, papa que fez condenar o herege Nestório pelo Concílio de Éfeso.
São Celestino V, papa fundador da ordem dos Celestinos.

Celebridades: Cinco papas.

CELSO

Características: São homens de ação e de reflexão ao qual a oposição é agradável.

São consideravelmente inteligentes, afetuosos e cheios de vitalidade.

Muito objetivos, sabem reconhecer suas faltas.

CÉSAR

Etimologia: A mesma de Cesáreo. César, título que levaram os imperadores e príncipes romanos.

Celebridades: Júlio César, estadista romano.

César Frank, compositor e organista francês.

César de Bourbon, duque de Vendôme.

Obra: César Virotteau, romance de Balzac.

CESÁREO

Etimologia: do latim através do romano, *"aquele que teve um nascimento difícil"*.

Santos: São Cesáreo (470-542), bispo de Arles.

São Cesáreo, (329-368), irmão de São Gregório Nacianceno.

CHANTAL

Nome francês.

Etimologia: do occitano Cantal *"pedra"*, *"marco"*.

Santa: Joana Francisca Frémyiot, baronesa da localidade do "Saône-et-Loire", França, fundadora, com São Francisco de Sales, da ordem da Visitação.

CÍNTIA

Etimologia: do latim.

CIPRIANO

Etimologia: do latim, Cyprianus, *"natural de Chipre"*.

Santo: São Cipriano, bispo de Cartago, padre da Igreja latina, escritor e apologista cristão, morto em 258. Padroeiro da África do Norte.

CIRINÉIA

Etimologia: gentílico grego da cidade de Cirene (Kirenaya), nome, por sua vez, procedente de Dyreo, *"Objetivo, ponto desejado"*.

Celebridade: No masculino, Cirineu, personagem bíblica que ajudou Jesus Cristo a carregar a cruz.

CIRÍACO

Celebridade: Mártir que consta dos mais antigos calendários cristãos.

CIRILO

Etimologia: do grego, *"entregue ao Senhor"*.

Características: Têm uma excelente natureza em que predomina o coração. Com frequência são vaidosos e acreditam-se, quase sempre, como superiores aos demais.

Santo: São Cirilo, conhecido como O Filósofo. Junto com seu irmão Méthode, foi apóstolo dos eslavos. Traduziu a Bíblia e a liturgia grega ao eslavo antigo. São Cirilo, patriarca de Alexandria e doutor da Igreja. São Cirilo, bispo de Jerusalém e doutor da Igreja, autor de Catequesis.

CLARA

Em francês: Claire.

Em inglês e em alemão: Clara.

Em italiano: Chiara.

Etimologia: do latim, *"ilustre"*.

Características: São francas, alegres, brilhantes, prazerosas e iluminadas como seu nome. de natureza atenta e felizes por viver sem que nada as assuste. Emotivas, impressionáveis e nervosas, facilmente passam da alegria às lágrimas. São incapazes de manter estabilidade, entusiasmam-se por algo e em seguida seu fervor é de curta duração. Seu físico e sua inteligência fazem-nas muito atraentes e sedutoras e sempre predomina seu coração. Buscam namoricos, ainda que e apesar de tudo, podem ser felizes no matrimônio.

Santa: Santa Clara de Assis, nascida na cidade de que leva o nome, é fundadora da segunda ordem franciscana das Clarissas. Padroeira da televisão.

CLÁUDIO (A)

Em francês: Claude.

Em inglês: Claudius, Clad, para os meninos e Claudia para as meninas.

Em alemão: Caludius para os meninos e Claudia para as meninas.

Em italiano: Claudio para os meninos e Claudia para as meninas.

Etimologia: do latim, *"que claudica"*.

Características: São de natureza nervosa, influenciável e que não pretendem brilhar. Naturalmente doces e afetuosas. São fiéis, leais e não presunçosos. Embelezam facilmente os projetos que se lhes apresente. São um pouco preguiçosos. As mulheres são vivas e travessas; espirituais, amam e sabem querer. Por outro lado, são felizes no lar.

Santos: São Cláudio, bispo e patrono de Saint Claude de Besançon, retirou-se, ao final dos seus dias, a um mosteiro. Padroeiro dos talhadores de pedra.

Celebridades: Cláudio I, imperador romano.

Cláudia de França, esposa de Francisco I.

Cláudio Luís Bertholet, célebre químico francês que criou o telégrafo aéreo.

Cláudio Debussy, compositor francês.

Cláudia Cardinale, atriz do cinema italiano.

Obras: Cláudio Frollo, personagem de Notre-Dame de Paris, de Victor Hugo.

CLEMENTE

Etimologia: do latim, Clemens, *"afável, dado à clemência"*.

Características: São de temperamento sonhador, de ambição bem moderada, agrada-lhes um trabalho que exija paciência e reflexão; não se atiram a empresas extravagantes.

Tranquilos, a violência não lhes agrada e estão destinados a uma vida feliz.

Sentem mais prazer em dar do que em receber.

Agrada-lhes a vida familiar e casam-se quando chegam aos vinte anos.

Têm senso comum e um humor estável.

Seu passatempo favorito é a leitura.

Santos: São Clemente I, Papa e mártir, terceiro papa, discípulo dos Apóstolos.

São Clemente de Alexandria, doutor da Igreja.

Celebridades: Clemente Marot, poeta francês.

CLEÓPATRA

Etimologia: do grego, Cléos, *"glória"* e Pater, *"do pai"*.

Santa: Santa Cleópatra, religiosa da ordem de São Basílio, no século X, venerada pelos moscovitas.

Celebridades: Nome de sete rainhas do Egito.

Várias personagens mitológicas e diversas rainhas do Oriente, entre as quais figura a famosa Cleópatra que seduziu Marco António, general romano.

CLOTILDE

Em francês: Clotilde.

Em inglês e alemão: Clotilda.

Etimologia: do alto alemão *"a que é ilustre e favorecida"*.

Características: Têm um temperamento intelectual bem refinado.

São espirituais, possuem vontade firme.

São tenazes, voluntárias, mas carecem de flexibilidade e podem deixar-se arrastar até profundos desencantos.

Nem sempre são fiéis e são dadas à melancolia.

No amor, frequentemente são ciumentas.

Santas: Santa Clotilde, rainha da França, esposa de Clóvis, morta em 545. Padroeira dos notários.

Celebridades: Clotilde de Sabóia, fillha de Vítor Manuel II da Itália e esposa do príncipe Napoleão.

COLOMBO (A)

Etimologia: do latim, columba, *"pomba".*

Santos: No masculino: São Colombiano, século IV, reduzido a miúdo, em Colman, apóstolo irlandês, venerado devido ao seu incansável espírito fundador de mosteiros.

Celebridade: Cristóvão Colombo, latim: Columbus, "pombo" a parte de descobridor da América, seu nome foi dado, entre outros, à cidade de Columbus, à república da Colômbia.

Obra: Na sua variante, Colombina, nome de uma famosa personagem da comédia italiana, versão feminina de Pierrot.

CONCEIÇÃO

Etimologia: do latim Conceptio, *"concepção geração",* por cum-capio, *"com-ter".*

Invocação mariana alusiva à Imaculada Conceição da Virgem Maria.

CONRADO

Etimologia: do germânico, Kounrat, *"conselho do atrevido".*

Celebridades: Encontrado entre diversos imperadores germânicos, chegou a ser tão popular na Alemanha, que é considerado ali como sinônimo de pessoa comum.

CONSTANTINO

Etimologia: do latim *"firme, constante".*

Celebridade: Famoso imperador romano que instaurou o cristianismo, século IV.

CORA

Etimologia: do grego, Kóre, *"jovenzinha, donzela".*

Celebridade: Amante do poeta Ovídio.

COSME

Etimologia: do grego Kosmas, *"adornado, belo".*

Santos: São Cosme e São Damião, martirizados na Arábia no século III, padroeiro dos médicos.

COVADONGA

Etimologia: provavelmente se refere ao lugar onde foi encontrada uma imagem da Virgem, a Cova-Dona, a *"Cova da Senhora".*
Nome muito popular nas Astúrias como evocação da Virgem do santuário homônimo, que lembra a primeira batalha vitoriosa contra os árabes, do rei Dom Pelayo e o início da reconquista asturiana.

CRISANTEMO

Etimologia: do grego Chrisantos, *"flor de loto".*
Nome feminino alusivo à *"flor de folhas douradas".*

CRISPIM

Etimologia: gentílico de Crespo e este do latim Crispus, *"crespo, de cabelo encaracolado".*

Santos: São Crispim e São Crispiniano, irmãos sapateiros, martirizados no século IV. (nãose sabe se ambos são a mesma pessoa).

CRISTINO

Em francês, inglês e alemão: Christian.

Em italiano: Christiano.

Etimologia: do grego, "*sagrado*".

Características: São muito espevitados, econômicos, leais e preservam o sentido de honra. São abnegados, ternos, agrada-lhes realizar coisas e às vezes, melancólicos. Têm um fundo afetuoso e fiel, mas nem sempre dispõem de tempo livre para dedicar-se às coisas do coração. Triunfam na vida por seu valor, pois hes agrada o esforço e vida dura.

Santos: São Cristiano, mártir no século III.

Celebridades: Nome encontrado entre vários reis da Dinamarca. Hans Christian Andersen, contista dinamarquês.

CRISTINA

Etimologia: derivado de Cristino.

Características: São mulheres do dever, ternas, sacrificadas e que não fraquejam diante dos sacrifícios necessários e os cumprem com simplicidade. Criativas, sabem desembaraçar-se e não perdem tempo em refletir ante as dificuldades.

Santas: Santa Cristina, virgem e mártir da primitiva Igreja do Ocidente, filha de um governador da Toscana, foi morta a flechadas pelos anos 300. Padroeira de Palermo.

Santa Cristina, sobrinha de Saint Hervé, venerada na Bretanha.

Celebridades: Cristina da Suécia, filha de Gustavo Adolfo, rainha da Suécia, Cristina de Pisan, poetisa do século XIV.

CRISTÓVÃO

Em francês: Christophe.

Em inglês: Chistopher.

Em alemão: Christoph.

Em italiano: Cristoforo.

Etimologia: do grego *"que leva a Cristo".*

Características: Os mesmos que para Cristo.

Santo: São Cristóvão, barqueiro de origem síria, levando Menino Jesus aos ombros, conseguiu, atravessar uma correnteza, de onde veio seu nome.

Foi decapitado em 250.

Antigamente, padroeiro dos trabalhadores da corda, dos carregadores, dos turistas, dos viajantes e dos motoristas.

Celebridades: Cristóvão Colombo, famoso navegante italiano que descobriu a América, Cristoph Bluck, compositor alemão.

CUCUFATE

Etimologia: do latim Cucuphate, talvez de cucupha, *"coifa, rede para cabeça"* apesar de que mais provavelmente tenha procedência de alguma língua norte-africana.

Santos: Mártir no século IV, das cercanias de Barcelona, onde é muito popular sob a forma catalã de Cugat.

CUNEGUNDA

Características: *"combatente, audaz".*

Santo: No feminino, Santa Cunegunda passou para a história pelo voto de castidade que fez com seu, também santo esposo, o imperador Henrique, no século XI.

DAFNE

Nome mitológico.

Etimologia: do grego Daphne "*Laurel*".

Celebridade: Ninfa, filha do rei Peneu que a metamorfoseou em laurel para salvá-la da perseguição de Apolo.
O deus coroou-se com um ramo de árvore, originando-se assim, o prêmio dos poetas.

DÂMASO ou DAMÁSIA

Etimologia: do grego, "*ação de domar*", através do latim.

Santo: São Dâmaso, papa de 366 a 384. Encarregou São Jerônimo da tradução da Bíblia.

DAMIÃO

Etimologia: do grego, "*popular*".

Santo: São Damião, mártir no século IV. Padroeiro dos médicos.

DAINÉIA

Nome mitológico.

Celebridade: Filha de Acrísio, rei de Argos, que possuída por Zéus, transfigurado em chuva de ouro, daí o nome: "*Daio*", terra árida fecundada pela chuva, deu à luz a Perseu.

Letra D | 63

DANIEL (A)

Em francês: Daniel; feminino: Danielle ou Danièle.

Em inglês: Daniel.

Em alemão: Daniel; feminino: Daniela.

Em italiano: Daniele; feminino: Danniella.

Etimologia: do hebraico, através do latim: *"juízo de Deus".*

DANIEL

Características: São considerados muito inteligentes, de natureza afetuosa, complacentes e de grande intuição. São capazes de assimilar muito rapidamente o que não conhecem, reconhecer seus erros e aceitar a opinião dos demais. Tanto no campo financeiro como no social, os grandes projetos lhe são agradáveis, porém, deles não se devem esperar ideias originais.

Santos: São Daniel, chamado de o Estilita (410-490), que, por mortificação, permaneceu mais de trinta e três anos sobre uma coluna. São Daniel da Ordem dos Irmãos Menores pregou a fé em Marrocos e morreu decapitado pelos muçulmanos em 1221.

Celebridades: Daniel, um dos quatro grandes profetas do Antigo Testamento.

Daniel O`Donnell, estadista irlandês.

Daniel Defoe, autor de Robson Crusoé.

O Padre Daniel, jesuíta francês.

Danny Kaye, ator do cinema americano.

DANIELA

Características: de natureza carinhosa e complacente, denotam uma inteligência viva e um grande sentido de intuição.

Normalmente são ciumentas sem que se deem conta disto, porém resultam ser excelentes donas de casa. Exteriorizam totalmente seus sentimentos.

São capazes de grandes paixões, o que as fazem sofrer em silêncio, frequentemente.

Celebridade: Dannielle Darrieux, atriz do cinema francês.

DARIO

Etimologia: do persa.

Características: São homens que buscam brigas.
Quando se lhes põe algo na cabeça, é difícil fazê-los mudar de ideia.
São possessivos e têm uma inteligência rápida, inclusive mordaz.

DAVI

Etimologia: do hebraico, *"tenro, amado".*

Características: São muito concentrados, tenazes e resistentes.
Geralmente se sentem atraídos pelos trabalhos em que o espírito aporta uma grande contribuição, revelam-se como homens de cabeça.
Sabem tomar suas responsabilidades a sério.

Santos: São Davi, arcebispo da Inglaterra, no século IV, fundador de vários mosteiros.
Patrono do país de Gales.

Celebridades: O rei Davi, profeta do antigo testamento, autor dos Salmos.
Nome dos reis da Escócia.
David Teniers, pintor flamengo.
David Livingstone, missionário e explorador escocês.

Obra: David Copperfield de Charles Dickens.

DÉBORA

Etimolgia: do hebraico, *"Abelha".*

Persnalidades célebres: Débora profetiza e juíza de Israel.
Débora Kerr, atriz do cinema americano.

DELFIM (A)

Etimologia: do grego "*delfim*".

Santo: São Delfim, bispo de Lyon e irmão do santo Ennemond; por desagradar a Ebroin, foi condenado à morte.

Santa Delfina de Glandèves (1283-1369). Filha de um senhor da Provença, casou-se com Elzear de Sabran com quem viveu em continência; ele morreu antes dela e foi canonizado, enquanto ela vivia recebeu o cognome Santo "Condessa".

Celebridade: Delfina Seyrig, comediógra e atriz de cinema.

Obra: Delfina, título de uma célebre novela de Mme. de Staël.

DÉLIA

Etimologia: sobrenome grego.

Celebridade: Sobrenome da deusa Diana, por ter nascido na ilha de Delos.

Nome usado como Adélia ou como forma italiana feminina de Elías.

DEMÉTRIO

Etimologia: do grego, através do eslavo Démétrios.

Santos: São Demétrio, o Taumaturgo, século XIV, patrono da Rússia e outros santos mais da Igreja ortodoxa russa.

Celebridades: Nome de vários príncipes russos e gregos.

DESDÊMONA

Etimologia: do grego Dysdaímon, "*infeliz*".

Obra: Nome da heroína do drama de Shakespeare, Otelo, inspirado no Hecatommithi de Cinthio (1565), onde aparece na forma de Disdemona.

DESIDÉRIO ou DESIRÉE

Etimologia: Desidério, do latim, Desiderius, *"desejável"*, ou melhor, *"desejoso"* (de Deus).

Désirée, do latim Desideratus, muito esperado, desejado.

Celebridade: Em sua forma feminina francesa, Désirée, nome de uma cunhada de Napoleão que chegou a tornar-se rainha da Suécia.

História: São Desejado era o guardião do selo real nos reinados de Clotário e Childaberto, na França medieval. Ao morrer Santo Arcádio, passou a ser bispo de Burgos. Participou de vários concílios e combateu o nestorianismo. Morreu no ano de 850.

Características: Dificilmente se entrega e protege com muita sua intimidade.

Com frequência chega a ser um indivíduo minucioso em excesso.

Solteirão empedernido.

DIANA

Etimologia: nome de uma divindade romana que deriva de uma raiz sânscrita, cujo sentido é *"brilhar"*. É o feminino de Janus.

Celebridades: Diana da França, filha legítima de Henrique II e de uma piemontesa. Diana de Poitiers, favorita de Henrique II.

Obras: As Duas Dianas, de Dumas pai;

Diana de Lis, de Dumas filho.

DIOGO ou DIEGO

Etimologia: Forma espanhola de Jaime.

Santo: São Diogo, franciscano espanhol, evangelizador das Canárias.

Celebridade: Don Diogo, no El Cid.

DIÓGENES

Etimologia: do grego, *"Nascido da divindade".*

Celebridades: Diógenes, o Cínico, filósofo grego.
Diógenes Laércio, escritor grego do século III.

DIONÍSIO (A)

Em francês: Denis, Denise.

Em inglês: Dennis.

Em alemão: Dyionisios.

Em italiano: Dionigio.

Etimologia: do grego, Dyonisos, correspondente ao latim, Baco.

DIONÍSIA

Características: São vivas, sorridentes, espirituosas, sinceras, honradas e boas. Encontrarão a felicidade no amor, mais facilmente que os homens, devido a sua grande vivacidade e a sua ambição.

Santa: Santa Dionísia, cristã da África, importante tanto por sua beleza, como por sua nobreza e suas virtudes.

Obra: Denise, de Alexandre Dumas Filho.

DIONISIO

Características: de uma grande retidão de princípios, normalmente seguem o caminho que determinaram para vida. São complacentes e acomodados, quando seus princípios não se encontram comprometidos. Perdoam com dificuldade as fraquezas alheias, quando são sinceros e estão muito convencidos de que seus princípios são honrados e bons. São maridos perfeitos.

Santos: São Dionísio de Areopagita, discípulo de São Paulo, primeiro bispo de Atenas, mártir no século I. São Dionísio, apóstolo dos galos, século III, primeiro bispo de Paris, é evocado contra as dores de cabeça.

Celebridades: Dionísio, rei de Portugal, século XIV.

Denis Papin, que inventou a máquina a vapor.

Denis Diderot, filósofo francês.

Denis Cochin, filantropo francês.

Denis Lambin, filósofo francês.

DOLORES

Etimologia: do latim, "*dor*". Nome espanhol derivado de Dolorosa ou Mãe Dolorosa (Nossa Senhora das Sete Dores).

DOMINGOS

Em francês: Dominique.

Em inglês: Dominic.

Em alemão: Dominik.

Em italiano: Domenico.

Etimologia: do latim que pertence ao Senhor, "*Dominus*".

Características: Possuem grande domínio de si e são providos de inteligência, de lógica, de vontade, de caráter, de sensibilidade ardente, vibrante e generosa.

São muito perfeccionistas e possuem um grande sentido de retidão.

Incapazes de inclinar-se por um objeto proibido.

Não obstante dão mostras de certa rudeza, ainda que não careçam de benevolência, muito sérios, não riem com frequência.

Santos: São Domingos (1170-1221), de família espanhola nobre, fundador da Ordem dos Irmãos Pregadores ou Dominicanos, propagadores da devoção ao Rosário.

Celebridades: Domenichino, pintor italiano do século XV.

Dominique Florentin, escultor do Renascimento,

Dominique Larrey, cirurgião.

Obra: Dominique, novela de Eugênio Florentin.

DOMITÍLIA

Características: Parecem tímidas porque são reservadas e arriscam-se a dar a impressão de falta de confiança em si mesmas.

São muito inteligentes e sociáveis. Cooperadoras no trabalho agrada-lhes entregarem-se a equipes em que predominam os homens.

Santa: Santa Domitília. Houve duas Domitílias e ambas da mesma família imperial de Flávia, em Roma.

DONACIANO ou DONATO

Etimologia: do latim, *"dado"*.

Santos: São Donaciano, martirizado junto com seu irmão São Rogaciano por volta de 299, em Nantes, cidade de que são os padroeiros. São Donato, bispo de Besançon, no século XVII, instruído e batizado por São Colombiano.

DORA

Pode ser diminutivo, tanto de Dorotéia como de Teodora.

Características: Ativa e trabalhadora.

Sólida e estável.

Pode-se repreender-lhe a falta de fantasia, o que supre com a vantagem do seu excelente humor.

DÓRIS

Etimologia: Ainda que se costume tomá-lo como variante de Dora, é na realidade um nome mitológico e gentílico da Dória, pátria dos dórios, na antiga Grécia.

Celebridade: Dóris, esposa de Nereu e mãe de cinquenta ninfas.

DOROTÉIA

Em francês: Dorothée.

Em inglês: Dorothy.

Em alemão: Dorothea.

Em italiano: Dorotea.

Etimologia: do grego, "*dom de Deus*".

Características: São cheias de energia e são muito ativas.

São grandes sentimentais e sabem fazer-se amar facilmente, pois são ardentes e vibrantes e boas no lar.

Santa: Santa Dorotéia, virgem e mártir em Cesaréia, Capadócia, no ano de 310. Padroeira das floristas e dos jardineiros.

Celebridade: Dorothy Lamour, estrela do cinema americano.

EDELTRUDES

Variante de Adeltrudes.

EDGAR

Em francês: Ogier.
Em alemão: Otger.
Em italiano: Oggero.

Etimologia: forma inglesa antiga de Eduardo, identificado como dinamarquês: Ogiero.

Celebridades: Rei santo da Inglaterra no século IX. Paladino de Carlos Magno.

EDITE

Etimologia: do germânico, "*formado com a raiz*" "*ed, riqueza*" e "*gyth, combate*".

EDMUNDO

Em francês: Edmond.
Em inglês: Edmund, Edmond.
Em alemão: Edmund.
Em italiano: Edmondo.

Etimologia: do anglo-saxônico, "*homem feliz*".

Características: São vivos de gênio, espertos e de caráter flexível. São muito agradáveis em sociedade, brincam facilmente com sua natureza cordial e amável. É fácil viver com eles ainda que careçam de um pouco de solidez.

Santo: Santo Edmundo nasceu em Nuremberg, rei de Est-Anglie, foi arruinado e condenado à morte no século XI, pelo príncipe dinamarquês, Hinguar.

Patrono dos reis da Inglaterra.

Celebridade: Edmond Audran, compositor francês, Edmond Rostand, dramaturgo francês.

EDUARDO

Em francês: Edouard.

Em inglês: Edward.

Em alemão: Eduard.

Em italiano Eduardo.

Etimologia: do anglo-saxão, *"guardião da felicidade"*, *"regedor".*

Características: São homens admiráveis, com uma vontade fria e tenaz, mais sólidos que brilhantes e muito idealistas. Sabem o que querem.

Santos: São Eduardo III, chamado, O Confessor (1004-1066), rei da Inglaterra, sobrinho de São Eduardo, o Mártir, fundador da Abadia de Westminster.

Um dos grandes padroeiros da Inglaterra, junto com São Eduardo II, o Mártir.

Celebridades: Vários reis da Inglaterra.

Edouard Branly, físico francês.

Edouard Detaille, pintor militar francês.

Eduardo Grieg, compositor e pianista norueguês.

Edouard Manet, pintor francês.

Obra: Les Enfants, de Edouard de Casimir Delavigne.

Letra E | 73

EDUVIGES ou EDVIRGEM

Em francês e em italiano: Edvige.

Em inglês: Hedda.

Em alemão: Hedwig.

Etimologia: do germânico: Hathu – wig, duplicação da palavra *"batalha"*: *"guerreiro(a) batalhador"*.

Nome germânico muito popular.

EFRAIN

Etimologia: do hebraico: Ephraim ou Ephraraim, *"muito frutífero"* ou *"duplamente frutífero"*.

Celebridade: Patriarca bíblico, filho de José, cabeça de uma tribo média.

EGÍDIO

Etimologia; do grego, Aegis, nome do escudo de Júpiter e Minerva, assim chamado por ter sido feito com a pele curtida da cabra Amaltéia, nutriz deste deus. Traduzível como *"protetor"*.

ELENA

Ver Helena

ELEONOR (A)

Em francês: Eléonore.

Em inglês: Eleanor.

Em alemão: Elaonora.

Em italiano: Eleonora.

Etimologia: do grego, *"que se erige"* (templo).

Santa: Santa Leonor, mártir irlandesa.

Celebridades: Numerosas princesas da Idade Média.

Eleonor de Aquitânia, rainha da Fr;ança eesposa de Luís VII.

Eleonor de Habsburgo, arquiduquesa da Áustria.

ELEUTÉRIO

Etimologia: Nome de origem grega, através do latim Eleutherion, nome de algumas festas em homenagem a Júpiter, *"Libertador". "Livre, que age como um homem livre"*.

ELIAS, ELIANE

Etimologia: do hebraico, *"Deus e senhor"*.

Características: São um pouco egoístas e nem sempre são fáceis.

Santo: São Elias, profeta do Antigo Testamento.

Celebridade: Elias Decazes, estadista francês.

Elias Freron, crítico francês.

Elias de Beaumont, geólogo francês.

ELIANE

Feminino de Elias.

Características: Aprecia-se a si própria como romântica, o que às vezes a inclina a mentir um pouco.

Muito apegada á infância, seu número favorito é o um e sua cor, o verde.

ELISA

Diminutivo de Elisabeth.

ELISABETH

Em francês: Elisabeth.

Em inglês: Elisabeth.

Em italiano: Elisabetta.

Diminutivos: Lisbeth, Elise, Elisa, Eliane, Lise, Lison, Isabel, Isabelle, Bella e Bettina

Em italiano: Bett e Betsy em inglês.

Etimologia: do hebraico, através do grego e do latim, *"a casa que honra a Deus"*.

Letra E

Características: São muito simpáticas, graciosas e orgulhosas, sem deixarem de ser simples.

São de natureza realizadora e nobre, capazes de utilizar seus dotes naturais durante os períodos de prova, quando sabem dar mostras de valor e paciência.

Muito emotivas, com frequência parecem frias e distantes, devido ao fato de saberem conter os impulsos da sua sensibilidade.

Gostam muito dos homens e seu companheiro pode estar seguro da felicidade em seu matrimônio.

Parecem com frequência influenciáveis e pouco dadas a iniciativas ousadas

Santas: Santa Elisabeth, filha do rei da Hungria, esposa de Luís IV.

Santa Isabel, mãe de São João Batista, prima da Santa Virgem.

Santa Isabel, rainha de Portugal.

Celebridades: Numerosas rainhas da Inglaterra, da Espanha, da França, da Hungria e princesas de vários países, principalmente.

Isabel da França, irmã de Luís XVI.

A rainha Isabel da Inglaterra.

Isabel da Bélgica.

Isabel da Rumânia, esposa de Carlos I.

A princesa Elisa Bonaparte.

Elisabeth Taylor, estrela do cinema americano.

ELISEU

Etimologia: do hebraico, *"Deus é minha salvação"*.

Santo: Santo Eliseu, profeta na Samaria e na Palestina, discípulo de Elias.

ELMO

Variante de Ermo, por sua vez, contração de Erasmo. "Protetor".

ELOÍSA, HELOÍSA

Etimologia: Forma derivada de Ludowc, Loïse.
Este nome voltou a ser usado a partir do século XVIII, devido à "*Nova Eloísa*", conto de Jean-Jacques Rousseau.

ELÓI

Em francês: Eloi.
Em inglês e alemão: Eligius.
Em italiano: Allodio.
Santo: Santo Elói, bispo de Noyon e de Tournai, nno século VII. Padroeiro dos prateadores, dos chaveiros, dos ferreiros, dos vidraceiros, dos fabricantes dos tabuleiros de xadrês, dos relojoeiros, dos metalúrgicos, dos forjadores, dos fabricantes de moeda e dos encanadores.

ELSA

Diminutivo de Elisabet.

ELVIRA

Etimologia: do espanhol. Entrou em moda no século XIX, devido ao poema homônimo de Lamartine.

EMETÉRIO

Etimologia: do grego Emen, "*vomitar*" que dá Emeterion, "*vomitivo*", e por extensão, que rejeita "*defensor*".

EMÍLIO (A) EMILIANO (A)

Em francês: Emile / Emilie.
Em inglês: Emil / Emilia.
Em alemão: Emil / Emilie.
Em italiano: Emilio / Emilia.

EMILIA

Características: Hábeis, flexíveis, sabem infiltrar-se e impor-se. São violentas e têm aspecto de serem superiores.

Santas: Duas santas deste nome foram martirizadas em Lyon em 177.

Santa Emiliana, religiosa italiana do século VI, tia de Gregório, o Grande.

Obra: Emília, heroína corneliana em China.

EMILIO

Etimologia: do grego "*gentil, amável*".

Características: Têm o necessário para triunfar na vida.

Parecem saber tudo, têm prazer em discutir e são ótimos oradores, seguros de si mesmo. Possuem grandes qualidades intelectuais que os distinguem nos negócios.

São impressionáveis e muito sensíveis à adulação.

Não são muito afortunados no amor e têm tendência a deixar-se arrastar pela desilusão.

Santos: São Emílio, mártir na África no século II.

São Emílio, médico, mártir dos vândalos e 484.

Santo Emiliano, bispo de Verceil, no século VI.

Santo Emiliano, confessor, no século XI.

Santo Emiliano, ermitão do século VIII.

Celebridades: Emile Augier, o mais famoso dos autores do teatro realista.

Emile Zola, romancista.

Emile Faguet, crítico francês.

Obra: O Emílio, de Jean-Jacques Rousseau.

EMA

Feminino de Emanuel.

Características: Fantástica e caprichosa.

Julga os sucessos e as pessoas com excessiva precipitação.

Têm um encanto infantil.

Celebridades: Duas rainhas da França e uma da Inglaterra.

Santa Ema, prima do imperador Henrique II, o Santo, após enviuvar, fundou diversas abadias e distribuiu seus bens entre os pobres. Criou, entre outros, o mosteiro de Gurk, na Áustria. Morreu no ano de 1045.

EMANUEL

Em francês e inglês: Emmanuel.

Em alemão: Immanuel.

Em italiano: Manuel.

Etimologia: do hebraico, "*Deus está conosco*".
É o nome com o qual o profeta Isaias designa o Messias nas Escrituras.

Características: Têm uma boa inteligência, são muito imaginativos e bastante concentrados.

Têm um temperamento sensual, encanta-lhes o luxo, mas poucos apreciam o esforço.

Santo: São Emanuel, mártir no Oriente.

Celebridades: Emanuel Kant, filósofo alemão.

Emannuel Chabrier, compositor francês.

Emanuel Fremiet, escultor francês.

ERASMO

Etimologia: do grego Erasmios, "*Agradável, Gracioso, Encantador*".

Celebridade: Erasmo de Roterdam, humanista do século XVI que latinizou seu nome original Desidério.

ÉRICO/A

Etimologia: do germânico Awaric, "*Regedor eterno*". Identificado com Henrique. Na língua espanhola sua forma feminina é pronunciada às vezes Erica por influência do latim Erica, Urze, medronheiro.

ERMELINDO

Etimologia: do germânico *"Emeland terra de ermitões"*.

ERMENGARDO/A

Etimologia: do germânico composto de Ermin e Gar, preparado para o combate o Gard, jardim respectivamente para as formas masculina e feminina.

Identificado amiúdo com Hermenegildo.

ERMÍNIO/A

Etimologia: do germânico, formado com a voz de Ermin (nome de um semideus que acabou designando uma tribo os Ermiões) ou talvez, de Armans, *"grande, forte"*.

Santo: Santo Erminio, bispo francês do século VIII.

ERNESTO, ERNESTINA

Em francês: Ernest.

Em inglês: Ernest.

Em alemão: Ernst.

Em italiano: Ernesto.

Etimologia: do germânico: *"Excelente"*.

Características: São muito valentes, um pouco vivos, dominam seus sentidos com dificuldade e têm tendência ao engano.

Têm um humor encantador e um sentimentalismo transbordante.

Seu defeito é a gulodice.

Santo: São Ernesto, abade beneditino de Zwiefalten, Alemanha, martirizado em Meca, em 1148.

Celebridades: Numerosos príncipes germânicos.

Ernest Ansermet, célebre maestro suíço.

Ernst Renan, escritor francês.

Ernest Lavisse, professor e historiador francês.

Ernest Solvary, industrial e filantropo belga.

Ernest Hemingway, escritor americano.

ESCOLÁSTICA

Etimologia: do latim, *"Mestra de escola, Sábia".*

Santa: Santa Escolástica, irmã de São Benito, fundadora da ordem das beneditinas, no século VI.

ESMERALDA

Em francês: Emeraude.

Em inglês: Emerald.

Em italiano: Smeralda.

Etimologia: do latim Smaragda, *"Esmeralda".*

ESPERANÇA

Santa: Santa Esperança, virgem e mártir romana do século II, filha de Santa Sofia que teve três filhas, todas elas canonizadas.

ESTANISLAU

Nome polaco.

Etimologia: do eslavo, *"Glória do estado".*

Características: São distinguidos, orgulhosos, firmes de caráter e com uma grande dignidade. Têm uma vontade que se manifesta na sua vida sentimental.

Santos: São Estanislau (1030-1079), nobre polaco, bispo de Cracóvia, mártir. São Estanislau de Kostka (1550-1568), nobre jovem polonês e noviço jesuíta morto aos dezessete anos. Patrono da Polônia.

Celebridades: Nome encontrado entre vários príncipes eslavos.

Estanislau I Leszczynski, rei da Polônia.

Estanislau Andrieux, acadêmico francês.

Letra E | 81

ESTÊVÃO ou ESTEFÂNIA

Em francês: Etienne ou Stéphan.

Em inglês: Stephen.

Em alemão: Stephan.

Em italiano: Stephano.

Em espanhol: Esteban.

Etimologia: do grego, através do latim, *"Coroado".*

Características: São dotados de uma inteligência muito perspicaz, possuem uma grande flexibilidade de espírito. São enérgicos, amáveis, atentos e muito curiosos. São amigos muito bons, têm tendência á originalidade e não lhes agrada revelar seus sentimentos.

Santos: Santo Estêvão, primeiro mártir do cristianismo.

Santo Estêvão, rei e apóstolo da Hungria.

Santo Estêvão I. Papa martirizado ao celebrar a missa.

Santo Estêvão de Muret, monge de Limousin, fundador da Ordem de Grandmont, no século XIII.

São Estêvão, o primeiro mártir, foi eleito como padroeiro dos soldadores.

Celebridades: Nove papas, vários reis da Hungria e da Sérvia.

Etienne de Bois, rei da Inglaterra.

Esteban Murillo, pintor espanhol.

Etienne Allegrain, pintor.

ESTEFÂNIA

Feminino:

Celebridades: Santa Estefânia era uma humilde dominicana que dedicou toda sua vida aos pobres e viveu estigmatizada. Morreu em 1530, em Sancino, na Itália. Numerosas outras santas trazem este nome.

Características: Defendem suas ideias com paixão. Inflamam-se por qualquer causa que creiam justas, São idealistas. Sua cor é laranja, seu número 7.

ESTELA

Etimologia: do latim, Stella, *"Estrela".*

Características: São luminosas, vigilantes, idealistas e um pouco misteriosas.

São fiéis e com frequência muito exigentes no amor.

Santa: Santa Estela, filha do rei de Saintes, virgem e mártir, século III.

ESTER

Etimologia: do hebraico *"que está oculta".*

Este nome também se diz, muitas vezes, Edissa.

Santa: Santa Ester, neta de Mardoqueu

Celebridades: Ester, segundo a Bíblia, heroina judia de uma grande beleza que se casou com o rei da Pérsia, Assuero.

Ester Williams, atriz do cinema americano.

Obra: Ester, tragédia em três atos de Jean Racine.

ESTUARDO

Nome para tradução do inglês Stuart.

Etimologia: nome inglês de origem histórica, dado por simpatia à casa de Escócia.

EUDÓCIO (A)

Etimologia: do grego, Eu-doxos, *"de boa opinião, Doutrina ou Reputação".*

Celebridade: Nome de uma imperatriz oriental do século IV.

EUFÊMIA

Etimologia: do grego Eu-phemia *"de boas palavras".*

Características: Destacam-se pela sua eloquência e sua boa reputação.

Letra E | 83

EUFROSINA

Etimologia: nome de uma das Graças da mitologia grega. De Euphrosine, "*A que têm alegres pensamentos*".

EUGÊNIO/A

Em francês: Eugène.

Em inglês: Eugene.

Em: alemão: Eugen.

Em italiano e espanhol: Eugenio.

Etimologia: do grego, "*de bom nascimento*".

Características: São honrados, têm muito afeto e gostam da ciência. Sentem horror a situações falsas ou simplesmente novelescas. Possuem uma grande ternura e são muito sensíveis ao valor das atenções que se lhes brindam. É fácil feri-los.

Santos: Santo Eugênio, bispo e mártir, discípulo de São Dionísio, no século III.

Santo Eugênio, bispo de Cartago, no século IV.

Santo Eugênio I papa, no século VII.

Santa Eugênia, sobrinha de Santo Odílio, abadessa dos mosteiros alsacianos de Hohenbourg e de Niedermunster, morta em 735.

Celebridades: Quatro papas e sete reis da Escócia.

Eugênio Beauharnais, filho da imperatriz Josefina.

Eugênio Sue, escritor francês.

Eugênio Brieux, dramaturgo francês.

Eugênio Delacroix, pintor francês.

Eugênia, esposa de Napoleão III, imperatriz dos franceses.

Obra: Eugênia Grandet, de Balzac.

EULÁLIO/A

Em francês: Eulalia.

Em inglês: Elalia

Etimologia: do grego Eu-lalos, *"a bem falante, Eloquente".*

Santa: Padroeira de Barcelona, século IV, cuja lenda aparece duplicada em Mérida.

EUNICE

Etimologia: do grego, Eunike *"Que alcança uma boa vitória", "vitoriosa".*

EUSÉBIO

Etimologia: do grego, através do latim.

Santo: Eusébio, papa em 310.

Celebridade: Eusébio de Cesárea, padre da história sagrada.

EUSTÁQUIO

Etimologia: do grego, *"Carregado de belas espigas".*

Santo: Eustáquio, oficial do exército romano, martirizado junto com sua mulher e seus dois filhos em 120. Padroeiro dos caçadores.

EVA

Em francês: Eve ou Eva.

Em inglês, alemão, italiano: Eva.

Etimologia: do hebraico, *"Mãe dos vivos".*

Características: São muito femininas, muito bonitas, atraentes e encantadoras. São muito sentimentais, às vezes namoradeiras e caprichosas. Sentem curiosidade por tudo e as artes as atraem.

Santa: Santa Eva, virgem martirizada em Dreux.

Celebridades: A primeira mulher, esposa de Adão.

Eva Francis, atriz da Comédia Francesa.

Eva Braun, esposa de Hitler.

Eva Peron, esposa do presidente da Argentina, Juan Carlos Peron

EVANGELINA

Etimologia: nome da heroína do poema idílico de Longfellow, situado em Acádia (1847).

EVARISTO

Etimologia: do grego, Nobre, "*de boa nobreza*".

Santo: Santo Evaristo, quinto papa, mártir em 105.

EVELINA

Variante de Eva.

Características: Formosa, brilhante, apaixonada e artista.

Com frequência muito idealista, defendo suas ideias com ardor.

EVÉLIO

Masculinização de Eva.

Etimologia: Concorrente com o germânico Eiblin, com Avelina e, talvez, com o adjetivo grego Euélios, "*banhado de sol, luminoso, radiante*".

EVERALDO

Em francês: Evrard.

Em inglês: Everard, Everett.

Em alemão: Eberhard.

Em italiano: Eberardo,

Etimologia: do germânico, Eber- hard, "*Javali forte*".

Por sua semelhança fonética, acabou sendo identificado com Abelardo.

EXUPÉRIO

Etimologia: do latim, "*que supera*".

Santo: Santo Exupério, bispo de Tolosa até 411.

EZEQUIEL

Etimologia: do hebraico, Hezeq-iel, "*Força de Deus*".

Celebridade: Profeta do Antigo Testamento, anunciador da ruína de Jerusalém e visionário de um carro de fogo que nos dias de hoje recebe as mais curiosas interpretações.

FABIANO (A)

Em francês: Fabien.
Em inglês, espanhol e alemão: Fabian.
Em italiano: Fabiano.
Etimologia: do latim, "*Venerável*".
Características: São modernos, bem distintos, muito reservados, têm agudeza de espírito e um sentido pessoal do como fazer. Assusta-os a publicidade e não gostam de falar em público.
Santo: São Fabiano, papa de 2336 a 250, martirizado sob o mandato de Décio.
Celebridades: Fabiano, o Transigente, ditador romano.
Fabius Pictor, o mais antigo dos historiadores latinos.

FÁBIO

Etimologia: do nome de família romano Fabius, que originou-se de faba, "*fava*", legume de primeira ordem, na alimentação romana. Decaído após as invasões bárbaras ressuscitou sua popularidade com o Renascimento.
Derivados: Fabiano e Fabíola.
Obras: Personagem da Epístola Moral e das Ruínas de Itálica.

FABÍOLA

Etimologia: do latim "*Fábia*", ilustre família romana.

Celebridades: O nome de Fabíola era o de uma ilustre cristã de Roma, que, ao ficar viúva, fundou o primeiro hospital da Itália no século IV. O Cardeal inglês Wiseman tornou-a célebre com sua novela Fabíola. Fabíola de Mora y Aragon, rainha da Bélgica.

FABRÍCIO

Celebridade: Fabrício, mártir de Toledo.

Obra: Fabrício del Dongo, herói da Chartreuse de Parme, novela de Sthendal

FÁTIMA

Etimologia: do árabe, Fata, "*donzela, jovem*".

Celebridade: Virgem aparecida na localidade portuguesa do mesmo nome em 1927.

FAUSTINO

Etimologia: do latim.

Celebridade: Mártir em Brescia, no século II.

FÉ

Etimologia: do latim, "*Fides, Esperança*".

FELICIANO/A

Etimologia: do latim, "*Feliz*".

Características: Colocam-se facilmente a par do que empreendem o que lhes dá popularidade. São fáceis de gesto e de palavras, pois têm um espírito prático e vivo. São muito independentes, não lhes agrada solicitar serviços de outros e são capazes de triunfar em tudo o que empreendem. Têm grandes qualidades de espírito e gostam de música. Creem no amor único e não vacilam em sacrificar tudo pela mulher amada.

Santos: São Feliciano, mártir, decapitado em Roma no século III. Santa Feliciana, mártir.

FELICIDADE

Etimologia: a mesma origem que Félix.

Santa: Santa Felicidade, escrava de Santa Perpétua. Martirizada com ela em Cartago, no ano de 202.

FELIPE

Em francês: Philipe.
Em inglês: Philip.
Em alemão: Philipp.
Em italiano: Filipo.

Etimologia: do grego, através do latim, *"que lhe agradam os cabelos"*.

Características: São dotados de uma inteligência, mais brilhante que profunda. Trabalham metodicamente e obtêm o máximo do seu espírito. Têm um caráter suave, fácil de influir, às vezes, deixam-se levar pelos caprichos.

Não lhes agrada a violência, pois, são fundamentalmente tranquilos. São muito apegados à sua mulher e a seu lar.

Santos: São Felipe, Apóstolo, um dos primeiros discípulos de Cristo, depois de São Pedro e Santo André, mártir, evangelizou a Ecitia e a Frígia.

São Felipe, diácono, um dos sete discípulos que elegeram os Apóstolos como primeiros diáconos.

São Felipe Beniti (1239-1285), converso, posteriormente superior geral dos Servitas de Maria.

São Felipe de Néri (1515-1595), fundador da Congregação do Oratório de Roma.

Celebridades: Sete reis da França e cinco da Espanha.

O Príncipe Felipe da Inglaterra, esposo da rainha Isabel.

Felipe de Champagne, pintor flamengo.

FÉLIX

Em francês: Félix.

Em inglês: Felix.

Em alemão: Felix.

Em italiano: Felice.

Etimologia: do latim, "*Feliz*".

Características: Os mesmos que para Feliciano.

Santos: São Félix de Nole.

São Félix I papa e mártir.

São Félix de Valois, da família real de Valois.

Celebridades: Cinco papas.

Félix Faure, presidente da República Francesa.

Félix Potin, criador do primeiro dos grandes armazéns de alimentos da França.

Félix Barrias, pintor.

Obra: Félix, em Pollyeucte de Corneille.

FERNANDO (A), FERNÃO

Em inglês e francês: Ferdinand.

Em italiano: Ferdinando.

Etimologia: do germânico, "*Homem livre*".

Características: Têm um espírito sedutor e a trivialidade não lhes agrada. Possuem uma sensibilidade muito vibrante e são otimistas. Não têm muita prudência para evitar as desgraças que o perseguem.

Santos: Fernando III, o Santo, rei de Castela e Leão.

Celebridades: Quatro imperadores da Alemanha, três imperadores da Austria e da Boêmia, sete reis da Espanha, vários reis de Portugal e da Itália.

Fernando de Castela, sob cujo reinado viveu o Cid, Fernando V, o Católico, esposo de Isabel, unificadores da Espanha.

Ferdinand de Lesseps, construtor do Canal de Suez.

FERNÃO

Características: São ágeis e finos; adaptam-se mais facilmente à vida e não se arriscam a enfrentar fracassos. São muito valentes e agradáveis, gostam de ajudar o próximo.

Santo: São Fernão de Cajazzo, na Itália, século XI,

Celebridades: Fernão Cortés, capitão espanhol.

Fernão Magalhães, explorador.

Obra: Fernão de Jules Sandeau.

FIDÉLIO – FIDELIS

Etimologia: do latim, "*que têm fé*".

Características: Têm boas qualidades e são leais. Por vezes sonhadores, com frequência se convertem os sonhos em dura realidade no seu espírito.

Santo: São Fidélis de Sigmaringen, século XII, advogado e depois cappuccino e pregador.

Celebridade: Fidel Castro, político cubano.

FILADELFO

Etimologia: do grego, Philádelphos, "*que ama o seu irmão*".

Celebridade: Sobrenome de Ptolomeu, rei do Egito, mas universalizado pela cidade americana de Filadélfia, capital do estado da Pensilvânia, fundada por W. Pen para fomentar "o amor fraternal".

FILIBERTO

Etimologia: do germânico.

Santo: São Filiberto, primeiro abade de Jumièges no século VII.

Celebridades: Filiberto I, o Caçador, rei de Sabóia.

Filiberto Delorme, arquiteto francês.

FILOMENA

Etimologia: do grego, através do latim, *"a noiva amada".*

Características: São simples, muito doces e um pouco melancólicas e em ocasiões, ingênuas. São puras, leais, reservadas e sentimentais.

Santa: Santa Filomena, virgem e mártir.

Obra: Sœur Philomène de Goncourt.

FIRMINO (A)

Etimologia: do latim, *"enérgico".*

Santo: São Firmino, primeiro bispo de Amiens e mártir. Padroeiro de Amiens e de Navarra.

Celebridade: Santa Firmina, virgem e mártir em Ombrise, no século IV.

FLÁVIO/A

Etimologia: do latim Flavus, *"amarelo"*, *"de cabelos vermelhos".*

Celebridades: Duas célebres dinastias de imperadores romanos.

FLOR - FLORA – FLORÊNCIO (A) – FLORENTINO (A)

Etimologia: do latim, Flora, *"Deusa das flores".*

Características: São imaginativas, bastante novelescas, possuem muito talento e vontade, porém, carecem de impulso. Agrada-lhes a ação, condicionada a que se saía do normal Não negam nunca um favor, sempre estão dispostas a ajudar o próximo. Unem-se com facilidade e nem sempre são felizes no amor. Têm poucos amigos, pois gostam de ficar sós a maior parte do tempo.

Letra F | 93

Santas: Santa Flora, mártir nascida em Córdoba, no século IX, de um muçulmano e de uma cristã.

Santa Flora, religiosa de São João de Jerusalém.

São Florentino, abade morto em Arles, em 553.

Santa Florência, mártir em Languedoc.

Celebridade: Flora, deusa latina das flores e dos jardins.

Florência Nightingale, primeira enfermeira inglesa, nascida em Florença.

FLORIANO (A)

Etimologia: do latim.

Santo: Floriano, *"Padroeiro da Austria"*.

Celebridades: Veterano do exército romano.

Floriano, fabulista francês do século XVIII.

FORTUNATO (A)

Etimologia: do latim, Fortunatus, *"favorecido pela sorte"*.

Santo: São Fortunato Venâncio, bipo de Poitiers.

FRÂNCIS

Derivado de Francisco.

Celebridades: Francis Bacon, pintor inglês. Frâncis López.

FRANCISCO (A)

Em francês: François, Françoise.

Em inglês: Francis, Frances.

Em alemão: Franz, Francisca.

Em italiano: Francesco, Francesca.

Do alto alemão, latinizado, significa *"Franco livre"*.

Características: São positivos, de ideias claras, agrada-lhes a ação e a disciplina, são dotados para todo tipo de profissões.

Podem dirigir seus esforços para várias direções ao mesmo tempo. São trabalhadores por natureza e gostam do seu trabalho, podem ficar seguros do êxito nos negócios.

Sabem observar e tirar proveito do que veem.

São sentimentais e grandes enamorados da vida.

Gostam das crianças e de família numerosa.

Santos: São Francisco de Assis (1182-1226), fundador de todas as ordens franciscanas. Padroeiro dos entalhadores e dos tapeceiros.

São Francico de Paula (1416- 1508), fundador da Ordem dos Menores.

São Francisco Xavier (1506-1552), discípulo de Santo Inácio, Padroeiro da Índia, da Mongólia, do Paquistão, das missões, do turismo e da propagação da fé.

São Francisco de Sales (1567-1622), bispo de Genebra. Patrono dos escritores e dos jornalistas.

São Francisco de Bórgia, prócere da Espanha no século XVI.

São Francisco Régis, apóstolo dos Gevenos.

Celebridades: Dois reis da França, Francisco I e Francisco II.

Vários imperadores da Alemanha e da Áustria.

Franz Liszt, compositor e pianista húngaro.

Franz Schubert, compositor austríaco.

François Mauriac, escritor francês.

François Villon, poeta.

François Rabelais, humanista, ambos os escritores franceses.

Obras: François le Bossu da Condessa de Ségur.

François le Champi de George Sand.

François le Bas-Bleus, de Messager.

Santas: Santa Francisca Romana (1384- 1440), modelo de esposa e de mãe, fundadora do Instituto dos Oblatos da Tour-des-Miroirs. Padroeira dos emigrantes.

Letra F | 95

FREDERICO (A)

Em francês: Fréderic, Fred.

Em inglês: Frederic(k).

Em alemão: Friedrich.

Em italiano: Federico.

Etimologia: do celta, *"muito pacífico"*.

Características: Sabem o que querem; são reflexivos, decididos, tenazes. Entregam-se a sua meta com orgulho e ambição Por sua fineza. Sabem gostar, passando por uma alegria ligeira e por uma melancolia cheia de encanto. São intuitivos e sensíveis e logo se tornam impressionáveis pelo que os rodeia.

Santo: São Frederico, bispo de Utrecht e mártir no século IX.

Celebridades: Vários imperadores da Alemanha, Frederico II, o Grande, da Prússia, um dos maiores soberanos do século XVIII.

Frederico Barba Ruiva, imperador da Alemanha.

Frederico Lemaîttre, comediógrafo francês da época romântica.

Frederico Nietzsche, filósofo alemão.

Fréderic-François Chopin, pianista e compositor polonês de origem francesa.

Federico Garcia Lorca, poeta e dramaturgo.

Obra: A personagem de Frederico na A Arlesiana.

FRINÉIA

Etimologia: do grego, Phryné, *"sapo"*, nome dado como sobrenome a algumas cortesãs atenienses devido a sua tez morena.

Celebridade: Amiga de Praxíteles que conseguiu ser absolvida do delito de impiedade, exibindo ante os juízes sua perfeita nudez.

FROILANO ou FROILÃO

Etimologia: do germânico, derivado de Frauji, *"Senhor"* e talvez, *"land"*, *"Terra, País"*.

Celebridades: Rei de Astúrias, variante, Fruela. Santo, bispo de Leão, séculos IX-X.

FRUTUOSO (A)

Etimologia: do latim Fructuosus, *"frutuoso, que dá fruto"*.

Celebridade: Bispo de Tarragona, martirizado no século III.

FULGÊNCIO (A)

Santo: São Fulgêncio, bispo da África, nascido em Telepte.

GABRIEL – GABRIELA

Em francês, inglês e alemão: Gabriel.
Em italiano: Gabriello.

Etimologia: do hebraico, *"forte, o homem de Deus"*.

Características: Imaginativos, dedicados intensamente ao trabalho, muito vivos e agrada-lhes a ação rápida.
São pontuais, organizados e excelentes nos negócios.
São finos, espirituais, de caráter amável, mas um pouco caprichosos e irritáveis e creem-se perseguidos, o que os leva às vezes, a crises de inquietação que, na realidade, são crises de consciência.
Não foram feitos para grandes empreendimentos, nem para lutas encarniçadas.
No amor não são demasiadamente exigentes.

Santo: São Gabriel, Apóstolo, o mensageiro da Anunciação. Padroeiro das telecomunicações e dos embaixadores.
São Gabriel Perboyre, missionário e mártir.
São Gabriel de Nossa Senhora das Dores, religioso passionista, morto em 1862.

Celebridade: Gabriel Fauré, músico francês.

Características: de Gabriela: Os mesmos que para Gabriel, ainda que as mulheres sejam mais sentimentais do que os homens. São excelentes esposas.

Celebridade: Gabriela d'Estrées, amante de Henrique IV.

GASPAR

Etimologia: do persa, formado pelo hebraico, *"tesoureiro"*.

Santo: São Gaspar, um dos três magos, o que se apresenta geralmente com a pele escura.

Obra: A Fortuna de Gaspar, da condessa de Segur.

GEDEÃO

Etimologia: do hebraico, Gid'on, talvez *"valentão"*; ou para outros, de Gadehon, *"o que rompe, o que humilha"*.

Celebridade: Juiz de Israel que libertou seu povo da escravidão madianita.

GEMA

Etimologia: do latim Gemma, *"gema, pedra preciosa"*, por extensão do sentido originário do espanhol *"yema"* botão, broto de uma planta.

Santa: Santa Gema Galgani, de Lucca, Itália.

GENÉSIO

Etimologia: do latim, Genesius e do grego, Genesis *"origem, nascimento"*, Genesios, protetor da família. Também possui um possível parentesco com o latim, Genista, *"Giesta"* e também *"erguido, direito"*.

GENOVEVA

Em francês: Geneviève.

Em inglês e alemão: Genoveva.

Em italiano: Genoveffa.

Etimologia: palavra celta incerta, *"cara pálida"*.

Características: Dedicadas a seus semelhantes. Reprimem a emoção que sentem interiormente. São muito sensíveis, muito doces e corajosas até o heroísmo. Sabem o que querem ao mesmo tempo em que derramam simplicidade. No amor, são bem mais exigentes. Não desejam mal a ninguém e a mediocridade e a covardia as horrorizam.

Letra G | 99

Santa: Santa Genoveva (420- 512), nascida em Nanterre, morreu em Paris, cidade que livrou da invasão dos hunos e de Átila. Padroeira de Paris, da guarda, da polícia e das pastoras.

Celebridades: Anne-Geneviève de Longueville, duquesa e irmã do Grão Condé. Genoveva de Bravante, heroina de uma das lendas mais famosa da Idade Média européia.

GERALDO (A)

Em francês: Gérard.

Em inglês: Gerald.

Em alemão: Gerhardt.

Em italiano: Gerardo.

Etimologia: do saxão. "*Lança atrevida*".

Características: São imaginativos, idealistas, de natureza intuitiva, carecem com frequência de espírito prático. Corteses, cavalheiros, de caráter um pouco fantástico, porém, às vezes tímidos. Adoram a vida em família e são excelentes maridos. Amam ardentemente com todo o seu coração e buscam, antes de tudo, a elegância no amor.

Santo: São Geraldo (890-959), primeiramente soldado, logo, fundador do mosteiro de Brogne, próximo de Namur.

Celebridades: Gérard de Nerval, poeta francês do século XIX.

Gérard, pintor francês néo-cássico.

Gérard, marechal da França, em 1830.

Gérard Don, pintor holandês.

Obra: Le Mariage, de Gérard de Theuriet.

GERMANO

Em francês: Germain.

Em inglês: German.

Em alemão: Herman.

Em italiano: Germano.

Etimologia: do saxão, *"Lanceiro, Guerreiro"*.

Características: São muito realistas e práticos e têm o sentido da iniciativa. Agrada-lhes a ordem, a pontualidade, a tranquilidade e uma vida bem organizada. Sua suscetibilidade, muito viva, não se exterioriza em absoluto.

No amor são razoáveis e não se deixam enganar facilmente.

Santos: São Germano (390-448), bispo de Auxerre que consagrou Santa Genoveva a Deus no século V a quem está dedicada a Igreja Saint Germain Auxerrois de Paris. Saint Germain, (494 –576) da Borgogne, abade de Saint-Symphorien D'Autun e em seguida, bispo de Paris.

Celebridades: Germanicus, avô de Nero. German Pilon, escultor francês.

GERÔNIMO

Características: São joviais, afetuosos, ardentes, por vezes deixam-se arrastar por suas emoções. Dispostos a entregar-se, a dar-se a uma causa, são fiéis e apegados a seu lar.

São muito pouco objetivos, todavia, conseguem definir-se ao menos com suficiente lucidez por isso são seres irrequietos e por vezes, difíceis de aguentar.

GERTRUDES

Etimologia: do saxão, *"Lança fiel ou Virgem com a lança"*.

Características: Pessoas de bom caráter, cheias de boas intenções, não passam facilmente à ação. Sofrem de um complexo de inferioridade que as faz temer a exteriorização dos seus sentimentos amorosos.

Santas: Santa Gertrudes de Eisleben, nascida na Saxônia, grande mística, favorecida pelas revelações.

Obra: Gertrude e Verônica, de A. Theuriet.

GERVÁSIO

Etimologia: do germânico, através do latim.

Letra G | 101

Características: Gozam de uma grande facilidade de adaptação, sadios de juízo, aplicam-se bem ao trabalho e apreciam a ordem e a justiça.

Santos: São Gervásio, mártir em Milão, sob domínio de Nero.

GETÚLIO

Etimologia: do latim Geatulus, nome de uma tribo norte-africana (*os gétulos*).

Talvez derivação de Gaesus "*Dardo*".

GIL

Em francês: Gilles.

Em alemão: Gill, Agidius e Agilius.

Em inglês: Gilles e Gill.

Em italiano: Gilis.

Etimologia: Gil dizia-se também, às vezes, Egídio.

Nesta forma é que se há de buscar a origem do nome, do grego Aiges, "*grandes ondas*", quer dizer, homem do mar encrespado.

Características: São amigos seguros, fiéis abnegados e com senso de realidade.

São um pouco melancólicos e por ocasiões, esquecem-se de levar em consideração o caráter dos demais.

Têm o sentido da fantasia e amam demasiado, até dominar.

Sua tendência à violência prejudica sua vida amorosa.

Santo: São Gil ou Egídio, nascido em Atenas, fundou um mosteiro em Nîmes, no século VIII. É invocado contra as epidemias.

Celebridade: Gilles de Rais, bandido francês, inspirou a personagem do "Barba Azul".

GILBERTO

Em francês, inglês e alemão: Gilbert.

Em italiano: Gilberto

Etimologia: do celta *"Companhia brilhante".*

Características: Muito inteligentes, francos, muito leais, muito desembaraçados e um pouco preguiçosos.

Vivos, ardentes, ainda que reservados, gostam de ser adulados e sentem-se atraídos pelas pessoas que são superiores a eles.

Santos: São Gilberto de Sempringham (1083- 1189), filho de um companheiro de Guilherme, o Conquistador.

São Gilberto, bispo de Meaux.

São Gilberto, cruzado e monge.

Celebridades: Gilbert, poeta do século XVIII.

Gilbert Cesbron, novelista. Contemporâneo.

Gilbert Bécaud, astro da canção francesa.

GILDA

Etimologia: do germânico Gild, *"Tributo, imposto".*

Nome famoso a partir de uma película dos anos 40.

GISELA

Celebridades: Gisela Pascal.

Gisela, filha do rei da França, Carlos, o Simples.

Características: quando encontra seu equilíbrio, o que não é fácil pode chegar a ser uma mulher notável e muito atraente.

Seu número é o três e sua cor o amarelo.

GLÓRIA

Etimologia: do latim, Gloria, *"fama, reputação".*

Nome cristão alusivo à Páscoa da Ressurreição ou Domingo de Glória.

GODIVA

Em francês: Godelieve, Godive.

Em inglês: Alemão e italiano: Godiva

Letra G | 103

Etimologia: germânico God-gifu, *"presente de Deus"*.

Celebridades: Lady Godiva de Conventry, esposa de Leofric, conde de Mércia, que para obter do seu marido, um tratamento melhor para os súditos cavalgou despida pelo povoado, sem ser vista pelos habitantes que voluntariamente se encerraram em suas casas.

GODOFREDO

Em francês: Godfroi.

Em inglês: Godfrey.

Em alemão: Gottfield.

Em italiano: Goffredo.

Etimologia: Encontra-se, algumas vezes a forma Godefroi ou Godefroy e outras como Geoffroi ou Geoffroy, porém todos estes nomes estão ligados à mesma etimologia, do alto alemão, *"paz de Deus"*.

Características: São valorosos, perseverantes e tranquilos. No amor, sua característica é o carinho real.

Santo; São Godofredo, bispo de Amiens, no século XII. Godofredo de Bouillon, chefe da primeira cruzada.

GONÇALO ou GONÇALVES

Em francês: Gonsalve.

Em italiano: Gonsalvo.

Etimologia: do antigo nome Gonsalvo, por sua vez, contração de Gundisalvo, hoje apenas sobrevivente como apelido, Gund, *"luta"*; all, *"total"*, vus, *"disposto, preparado"*: guerreiro totalmente disposto para a luta.

GRAÇA

Em francês: Grâce, Grazia ou Graziella. Em inglês e alemão: Grace.

Em italiano: Grazia ou Graziella.

Etimologia: do latim Gratia, *"Grácia ou graciosa"*.

104 | Dicionário dos Nomes e seus Significados

Características: Práticas e encantadoras. São boas esposas.

Celebridades: Grace Kelly, atriz de cinema e esposa do príncipe Ranier III, de Mônaco.

Obra; Graziella, Lamartine.

GREGÓRIO

Em francês: Grégoire.

Em inglês: Gregory.

Em italiano: Gregorio.

Etimologia: do grego, *"atento, vigilante"*.

Características: Têm pouca imaginação, mas prudência, uma grande dignidade de vida, bom senso e bem equilibrados.

Algumas vezes são um pouco severos com os demais.

Santo: São Gregório I, o grande papa, doutor da Igreja, a quem se deve o envio de missionários para a evangelização da Grã-Bretanha, o "Canto Gregoriano" e a reforma da liturgia. Padroeiro dos cantores e dos fabricantes de instrumentos musicais.

São Gregório Nacianceno, patriarca de Constantinopla.

São Gregório II, São Gregório III, São Gregório VII, papas.

São Gregório de Nissen, doutor da Igreja do Oriente.

Celebridades: Seis papas. Gregório de Tours.

Gregory Peck, ator do cinema americano.

GRETA

Nome sinônimo de Margarita, muito popular nos países nórdicos.

Celebridade: Greta Garbo, famosa atriz de cinema.

GUADALUPE

Etimologia: do árabe, Wadi-al-lub, *"rio de cantos negros"*.

Outras etimologias populares são; desde Wadi-lupi, *"rio de lobos"*

Letra G | 105

que bebiam próximo ao santuário, até o nahuatl Coatlaxopeuh, a que pisoteou a serpente.

Santa: Virgem, padroeira do México, onde seu nome é muito propagado.

GUENDOLINA

Mais que um nome, é uma constelação deles: Gundelina, Gundelinda, Güendolina, Guvendolina... E outra constelação de interpretações: "*a de branca pestanas*"; "*a do círculo branco*"; "*doce mulher*". Nos países anglo-saxões, na forma Gwuendolyne é considerada equivalente a Genoveva.

GUILHERME

Em francês: Guillaume.

Em inglês: William.

Em alemão: Wulheim.

Em italiano: Guglielmo.

Etimologia: do alto alemão, "*de boa vontade*".

Características: São brilhantes, sensíveis, elegantes, nada os faz retroceder.

São muito decididos, de natureza complexa, capazes de ser ao mesmo tempo generosos e egoístas.

Com frequência alcançam êxito.

São muito fiéis no amor e fazem todo o possível para assegurar a felicidade da sua amada.

Santos: São Guilherme, (1120-1209) monge de Nevers, arcebispo de Bourges.

São Guilherme, o Grande, vencedor dos sarracenos e fundador do mosteiro.

São Guilherme do Deserto.

São Guilherme Pinchon (1180-1234), cura bretão que se tornou o bispo de Saint-Briec. São Guilherme, abade de Santa Benigna de Dijon.

Celebridades: Vários reis e príncipes da Alemanha, dos Países Baixos e da Inglaterra. Guilherme Tell, herói legendário da independência helvética.

Guilherme III, príncipe de Orange, adversário de Luís XIV.

Guilherme Apolinário, poeta francês.

GUIOMAR

Etimologia: do germânico, Wig-maru, *"mulher ilustre"*.

Popular nos países de língua portuguesa.

GUMERCINDO

Etimologia: do germânico, Guma-swind, *"homem forte"*, Guma-sind, *"expedição de guerreiros"*.

GUSTAVO

Em francês: Gustave.

Em inglês: Gustavus.

Em alemão: Gustav.

Em italiano: Gustavo.

Etimologia: do sueco, *"cético do rei"*.

Características: Dotados de uma inteligência clara e positiva, de natureza influenciável, são mais realistas que idealistas.

Gostam de ação e de uma vida muito movimentada.

Prendem-se muito facilmente e se libertam com muita dificuldade.

Celebridades: Gustavo Vasa, primeiro rei moderno da Suécia.

Gustavo Flaubert, escritor francês, autor de Madame Bovary.

Gustavo Adolfo, o Grande, herói da Guerra dos Trinta Anos.

Gustavo Nadaud, cantor.

Gustave Doré, ilustrador francês.

HAIDÉE

Etimologia: do grego moderno, Waïdé e este do verbo Xaïdéyo, "*acariciar*", "*a acariciada*", "*a mimada*". Pode ser igualmente relacionado com Aïdos, "*respeitável*".

HAROLDO

Etimologia: do germânico, Hari-ald, "*povo ilustre*".
Celebridades: vários reis noruegueses, ingleses e dinamarqueses.

HEITOR

Etimologia: do grego.
Celebridades: Heitor é o nome do mais corajoso dos chefes troianos, filho de Príamo e marido de Andrômaca.
Heitor Berlioz, compositor francês.
Heitor Malot, novelista francês.

HELÁDIO

Etimologia: do grego Helladios, "*da Hélade, grego*"

HELENA

Em francês: Heléne.

Em inglês: Helen.

Em alemão: Helena.

Em italiano: Elena.

Etimologia: do grego, "*resplendor do sol, luminosa*".

Características: São de natureza apaixonada, imaginativa, brilhante, romanesca e enamorada.

Sabem, melhor do que ninguém, como chegar a tornarem-se grandes namoradas.

Santa: Santa Elena, imperatriz de Roma, no século IV, mãe do imperador Constantino.

Celebridades: Elena, rainha da Itália, esposa de Vitor Manuel III.

Helena de Tróia, célebre por sua beleza.

Hélène Boucher, heroína da aviação.

Obras: Hélène, de A. Theuriet.

La Belle Hélène, de Ofenbach.

Hélène, do soneto de Ronsard.

HELGA

Etimologia: do antigo adjetivo sueco Helagher, feliz, próspero, que derivou a "*invulnerável*" e posteriormente a "*santa*".

De grande popularidade; faz a personagem de uma película.

HENRIQUE / HENRIQUETA

Em francês: Henri.

Em inglês: Henry.

Em alemão: Henrich.

Em italiano: Enrico.

Etimologia: do alto alemão, "*dono da casa*".

Letra H | 109

Características: Ainda que lhes agrade o prazer, a vida fácil, a pontualidade é, não obstante econômicos e um pouco maníacos.
Simpáticos, modestos e prudentes prudência que raia às vezes a desconfiança.
No amor buscam um verdadeiro companheiro de vida.

Santo: São Henrique II, denominado,
O Coxo (973-1024), imperador do Santo Império Germânico.

Celebridades: Sete imperadores da Alemanha, quatro reis da França, oito reis da Inglaterra e quatro reis da Espanha.
Henrique Heine, poeta romântico alemão.
Henri de Montherland, escritor francês.
Henri Matisse, pintor contemporâneo.
Henri Ibsen, dramaturgo norueguês.
Henri Duparc, compositor francês.
Henri Fonda, ator do cinema americano.

HENRIQUETA

Celebridades: Henriette-Anne de France, princesa francesa, filha de Luís XV.
Henriette da Inglaterra, princesa da Inglaterra e da Escócia.
Henriette-Marie da França, princesa francesa, filha do rei Henrique IV e de Maria de Médicis.

Obra: Henriette de F. Copée.

HÉRCULES

Etimologia: nome da mitologia romana, herói que personifica a *"força"*.

HERIBERTO

Em francês, inglês e alemão: Herbert.
Em italiano: Herberto.

Etimologia: do germânico Hari-berht, *"exército famoso"*.

HERMELANDO

Variante de Ermelando.

HERMENEGILDO

Etimologia: do germânico Ermin-hild, guerreiro Ermião. Outros interpretam como Airmanagild, *"valor do ganho"*.

Santo: Mártir espanhol, filho do rei visigodo Recaredo, século VI.

HERMÍNIA

Características: São extremamente ciumentas, ainda que tratem de conter-se mediante o razonamento e a flexibilidade de espírito; no final, saem vitoriosas.

Passionais por completo, lançam-se desesperadamente até conseguir o que desejam, com uma fúria selvagem, e assim também, para defender o que já conseguiram.

HESPÉRIA

Etimologia: nome feminino, derivado do antigo nome da península Ibérica e este do grego Hesperos, *"a que segue a estrela vespertina, o ocidente"*, aludindo à posição da península em relação aos gregos.

HILÁRIO

Etimologia: do latim, *"alegre, gozoso"*.

Santos: Santo Hilário (303-366), confessor e doutor, bispo de Poitiers.
São Hilário, bispo de Arles.
São Hilário, papa.

HILDA

Etimologia: nome da principal das Valquíria germânicas, Hild (de Hilds, *"combate, guerreiro"*)

Santa: Santa Hilda, abadessa de Whitby, na Inglaterra, século VII.

Letra H | 111

HILDEBRANDO

Etimologia: do germânico Hild, *"guerreiro"*, brand, cujo sentido primário é *"fogo"*, onde derivam significados como *"oscilar, brandir e espada"*, como no caso presente: *"espada do guerreiro"*.

Celebridade: Nome daquele que seria o papa Gregório VII. Século IX.

HILDEGARDA

Em francês: Hildegarde.

Em inglês: Hildegard.

Em alemão: Hildegard.

Em italiano: Ildegarda.

Etimologia: do germânico: Hild-gard, *"guerreiro vigilante"*.

Para a versão feminina, Hilt-gart, *"jardim de sabedoria"*.

HIPÓLITO

Etimologia: do grego, que *"desamarra os cavalos"*.

Santo: Santo Hipólito, padre romano e mártir (179-235), adversário dos gnósticos.

Celebridades: Hipólito Flandrin, pintor francês.

Hipólito Fontaine, engenheiro francês.

Obra: Hippollyte et Aricie, tragédia lírica de Rameau (1733), libreto de Pellegrin, uma das obras capitais da ópera francesa.

HOMERO

Etimologia: do grego Ho-me-oron, *"o que não vê"*, ou também de Omeros, *"refém"*.

Celebridade: Poeta grego do século VIII a. C., autor da Ilíada e da Odisseia.

HONORATO – HONÓRIO

Em francês: Honoré, Honorat.

Em inglês: Honoratius.

Em alemão: Honorius.

Em: italiano: Honório.

Etimologia: do latim, "*que recebe honras*".

Características: São bons trabalhadores e não buscam a glória. De caráter modesto, são muito independentes e não lhes agrada pedir favores a ninguém.

Santo: São Honorato, bispo de Amiens, no século VII, padroeiro dos padeiros e dos pasteleiros. São Honorato, arcebispo de Arles, fundador do mosteiro das Ilhas de Lerin.

São Honorato, mártir de Poitou.

Celebridades: Honoré de Balzac, novelista francês.

Honoré de Racan, poeta francês.

Honoré Daumier, pintor, litógrafo e escultor francês.

HORÁCIO

Etimologia: Incerta

Celebridades: Horácio foi o nome de três irmãos romanos que lutaram por sua cidade, sob o reinado de Túlio Hostílio, contra os três Curiáceos, camponeses da cidade de Alba.

Horácio Nelson, almirante britânico.

Obra: Horácio, tragédia de Corneille.

HORTÊNSIO (A)

Etimologia: do latim, hortênsia, "*guerreiro (a)*".

Este nome é masculino, mas quase sempre aplicado às mulheres.

Características: Nunca se aprecia tudo o que elas trazem de mérito. São pouco distantes, não são triviais, talvez desdenhosas.

Letra H | 113

Não fazem com que aqueles que as rodeiam, saibam aproveitar suficientemente do seu valor.

Santo: Santo Hortênsio, bispo de Cesaréia.

Celebridades: Hortênsia de Beauharnais, rainha da Holanda (1806-1810).

Hortensius Hortalus, orador romano.

HUGO

Em francês: Hugues.

Em inglês: Hugh.

Em alemão: Hugo.

Em italiano: Ugo.

Etimologia: do germânico ou do escandinavo, *"homem de espírito"*.

Características: Têm um caráter bastante rude e são orgulhosos por natureza, distantes e pouco convenientes.

São leais, sensíveis e muito ardentes, entregam-se de corpo e alma ao objeto amado. Ciumentos, vigiam o ser amado, atitude que os torna rapidamente insuportáveis.

Seriam mais felizes no amor, se se desfizessem dos seus defeitos.

Santos: São Hugo, bispo de Grenoble.

São Hugo, bispo de Paris, de Bayeux e depois arcebispo de Rouen no século VIII. São Hugo, abade de Cluny, no século XI.

Celebridades: Hugo Capeto, duque da França (956-987) e depois rei.

Hugo, o Grande, conde de Paris, duque de França.

Hugo de Payns, fundador da ordem dos templários em 1119.

Hugo Aufray, estrela da canção francesa.

ICIAR

Nome espanhol.
Adaptação ao castelhano do nome basco Itziar, possível topônimo: Iz-i-ar, "*frente ao mar*".

IGOR

Etimologia: do germânico, Ing-warr, nome que faz alusão ao deus Ingvi, com o sufixo wari, "*defensor*".
Santo: Santo Igor: duque de Kiev, no século XII.

ILDEFONSO

Etimologia: do germânico Hilds, variante de Hat-hus, de formação análoga a Afonso, de que se considera equivalente. Confundido com Adelfonso.

IMELDA

Etimologia: do germânico, Irmhiild, por sua vez de Airmans, e Hild, "*guerreira*".
Da forma italiana Ermenilda.
Santa: Imelda Lambertini, beata.

INDALÉCIO

Etimologia: Nome genuinamente ibero, relacionado tradicionalmente com a palavra basca similar Inda, "força".

INÊS

Em francês: Agnès.

Em inglês: Agnes.

Em alemão: Agnes.

Em italiano: Agnese.

Etimologia: do grego, "*inocente, pura, casta*".

Características: São sinceras, puras, ternas, um pouco voltadas para si mesmas, de costumes e de caráter uniforme.

Têm uma vontade firme, rígida e impõem a si mesmas uma disciplina severa; horroriza-lhes o imprevisto, ainda que tenha um sentido prático, real. São sorridentes, amáveis e conservam uma abnegação silenciosa.

Santa: Santa Inês, virgem de família nobre de Salerno. Aos treze anos rejeitou a pretensão de casar-se com o filho do prefeito de Roma. Reconhecida como cristã, foi perseguida e detida, sob o imperador Décio, em 304.

Celebridades: Inês de França, imperatriz bizantina, filha de Luís VII. Inês Sorel, a "Dama da Beleza", favorita de Carlos VII.

INGA / INGO

Etimologia: Nome sueco, derivado da voz Ingvi, alusiva à tribo dos Ingviões.

IMACULADA

Etimologia: do latim, In-macula, "*sem mácula, sem mancha*".

Nome místico mariano alusivo à Imaculada Conceição, proclamada dogma por Pio IX.

INÁCIO

Em francês: Ignace.

Em inglês: Ignatius.

Em alemão: Ignaz.

Em italiano: Ignazio.

Etimologia: do grego, *"cheio de amor, de ciúmes".*

Características: Educados, amáveis, inteligentes, pouco imaginativos, bastante frios e hábeis; triunfam na vida.

Santo: Santo Inácio, bispo de Antióquia e mártir no século II.

Santo Inácio de Loióla (14991-1556), oficial espanhol, convertido no cerco de Pamplona, fundador da Companhia de Jesus. E invocado para livrar as consciências escrupulosas.

Celebridade: Inácio Padarewski compositor e pianista polonês.

INHIGO

Etimologia: resultado da evolução do antiquíssimo nome basco Eneko, de origem incerta:

Topônimo de Em-Ko *"lugar na extremidade montanhosa".*

Celebridade: Inhigo Lopez de Recalde.

IRENE

Em francês: Irene.

Em inglês: Irene.

Em alemão: Irene.

Etimologia: do latim, formado do grego, *"agradável".*

Características: De natureza tranquila, são graciosas, atraentes e sedutoras.

São tímidas e capazes de descobrir os defeitos ocultos nas pessoas.

Se não fossem tão desconfiadas, gozariam da verdadeira felicidade no lar.

Seu sentimentalismo, por vezes, atira-as a maus caminhos.

Santas: Santa Irene, mártir de Tessalônia.

Santa Irene, mártir em Portugal.

Santa Irene, imperatriz de Bizâncio.

Celebridades: Irene Joliot- Curie, filha de Marie Curie.

Obra: Irene, última tragédia de Voltaire (1778).

ÍRIS

Etimologia: do grego, Eiro, "*anunciar*".

Santa: Na religião católica, nome feminino, derivado da Virgem do Arco Íris. Mensageira de deuses.

IRMÃ

Etimologia: variante de Ermínia.

ISAAC

Etimologia: do hebraico, aquele "*a quem Deus sorri*".

Santos: Santo Isaac, monge espanhol, martirizado em Córdoba no século IX.

Santo Isaac Jogues (1607- 1646), originário de Orleans, evangelizador da região dos grandes lagos do Canadá, mártir.

Celebridades: Isaac I, imperador do Oriente. Isaac Newton, matemático, físico, astrônomo e filósofo britânico.

ISABEL

Em francês: Isabelle.

Em inglês: Elizabeth.

Em alemão: Isabella.

Etimologia: Isabel é o equivalente de Elizabeth procede do espanhol, de onde sai seu sentido.

Características: Muito inteligentes, adaptam-se a qualquer tipo de situações. Têm uma vontade flexível, um coração muito cálido, muito vibrante e passam muito facilmente do riso ao pranto.

No amor, são muito afetuosas, são carinhosas e boas esposas.

Santa: Santa Isabel de França (1224- 1270), irmão de São Luiz, fundadora da abadia de Longchamp, próximo de Paris, no século XIII.

Celebridades: Nome de várias rainhas da Espanha e de Portugal.

ISIDRO ou ISIDORO

Etimologia: do grego através do latim, *"dom da deusa Ísis"*.

Características: Leais, honrados e eruditos, são inclinados à ciência. Não são muito desembaraçados, não mudam com frequência de emprego e logo se conformam com sua sorte.

São bons maridos.

Santos: existem vários santos com este nome.

O mais popular é São Isidoro Lavrador (1110-1170), piedoso agricultor sem história.

Patrono dos lavradores e da cidade de Madri.

ISMAEL

Etimologia: do hebraico: *"ichma oisma-el"*, *"Deus ouve"*.

Celebridades: Progenitor do povo árabe.

ISRAEL

Etimologia: do hebraico, *"forte contra Deus"*.

Celebridades: Israel, nome dado a Jacó, depois da sua luta contra o anjo.

IVÃ

Etimologia: nome russo que equivale a João.

Celebridades: Ivã, o Terrível. Ivã Tourgueniev, romancista russo.

IVO

Em francês: Yve / Yvonne.

Em italiano: Ivo / Ivone.

Etimologia: Nome germânico da mesma origem que Ivã, vindo através da França.

JACINTO

Em francês: Hyacinthe.
Em inglês: Hyacinthus.
Em alemão: Hyacinthus.
Em italiano: Giacinto.
Etimologia: do grego, através do latim, *flor e pedra preciosa*.
Pode ser também feminino como Jacinta Marescotti, religiosa italiana do século XVII, como padroeira.
Santo: São Jacinto, religioso polonês. Dominicano introduziu sua ordem na Polônia em 1221.
Celebridades: Jacinto Rigaud, pintor Francês.

JACOB

Etimologia: do hebraico, "*usurpador*".
Santo: Jacó, bispo de Toul, no século VIII.
Celebridades: Jacó, filho de Isaac e de Rebeca.

JAIME ou SANTIAGO

Em francês: Jacques.
Em inglês: James.
Em alemão: Jacob.

Etimologia: do hebraico. Jaime é o mesmo nome que Jacó, do qual obtém sentido.

Características: Possuem uma grande memória, são inteligentes, de espírito positivo e pouco fantástico. Bem falantes de boa aparência, chegam com facilidade ao grau das elites. São afetuosos, ardentes, possuem muito encanto físico. Acham-se entre as pessoas mais fiéis que possam existir e são muito apegados ao seu lar.

Santos: o Maior, filho de Zebedeu, irmão de São João Evangelista, pescador, parente pelo lado materno de Jesus e de Maria.

Foi o primeiro mártir dos apóstolos. Patrono dos chapeleiros, dos moleiros, dos peregrinos, dos farmacêuticos, da Espanha, da Guatemala e da Nicarágua. É invocado contra o reumatismo.

Santiago, o Menor, filho de Alfeu, primo de Jesus, irmão de São Simão e de São Judas, primeiro bispo de Jerusalém.

Santiago, antigo soldado grego e ermitão em Chapelle-d' Anguillon.

Celebridades: três reis da Inglaterra, sete reis da Escócia, dois reis de Aragão, três de Maiorca, entre os quais figura Jaime Estuardo. Jaime Copeau, renovador Francês do teatro contemporâneo Jaime Lipchitz, célebre escultor lituano nacionalizado Francês. Jaime Cagney, ator americano.

Obras: O Pequeno Jaime, de Jules Clarettie.

Jaime, o Fatalista e seu mestre, de Diderot.

JEREMIAS

Etimologia: do hebraico, "*elevação do Senhor*".

Celebridades: Jeremias, um dos quatro grandes profetas de Israel.

JERONIMO

Em francês: Jerôme.

Em inglês: Jerome.

Em alemão: Hieronimus.

Em italiano: Girolamo.

Etimologia: do grego, "*nome sagrado*".

Letra J
| 121

Características: De natureza ardente e cheia de segurança. São bem dotados, mas são orgulhosos. No amor são ternos e independentes, é seu orgulho o que os faz proceder assim.

Santo: São Jerônimo, doutor da Igreja, nasceu na Dalmácia por volta de 331 e morreu em Belém, em 420, tradutor da Bíblia para a língua italiana.

Celebridades: Jerônimo Bonaparte, irmão caçula de Napoleão. Jerônimo Bosch, pintor holandês. Jerônimo Kern, compositor americano. Jerônimo Cardan, filósofo.

Obra: Jerônimo Coignard, de Anatole France.

JÉSICA

Diminutivo feminino de Jessé "*Deus é*". Pai de Davi.

Características: Ativa e trabalhadora.

É uma mulher firme com quem se pode contar, ainda que talvez, um pouco demasiado séria.

JESUS

Em francês: Jésus.

Em inglês: Jésus.

Em italiano: Gesu.

Nome pouco usado nos primeiros tempos do cristianismo, por considerar-se seu uso irreverente, é hoje um dos nomes mais populares na América ibérica.

Etimologia: Derivação de *Yehoshúah* (do qual derivaram Joshua e Josué).

JOAQUIM

Etimologia: De origem hebraica, através do latim, "*antepassado do Senhor*".

Características: Leais e inteligentes, nada temem.

No amor, preferem não amar, nem serem amados mais do que uma vez.

Santos: São Joaquim, esposo de Santa Ana e pai da Santíssima Virgem.

Celebridades: Joaquim Murat, marechal de Napoleão e rei de Nápoles. Joaquim de Flore, místico italiano.

JOEL

Em francês: Joel.

Em Inglês: Joel.

Em alemão: Joel.

Em italiano: Gioele.

Etimologia: Do hebraico: *Yo'el*, "Deus é Deus".

JONAS

Etimologia: Do hebraico, *"pomba"*.

Celebridades: Jonas, um dos doze profetas menores. Mártir da Pérsia, no século IV.

JÔNATAN

Em inglês, francês e alemão: Jonathan.

Em italiano: Gionata.

Etimologia: Do hebreu. Jo-nathan, *"dom de Deus"*. Coincidente com Doroteo.

JORGE

Em francês: Georges.

Em inglês: George.

Em alemão: Georg.

Em italiano: Giorgio.

Etimologia: do grego, *"agricultor"*.

Características: de espírito cético, cáustico e um físico agradável.

São minuciosos, organizados e inteligentes. Difíceis de satisfazer.

São chamados para desempenhar papéis brilhantes e podem aceder aos postos mais elevados.

Entregues às pessoas que amam, ao ter um encontro romântico, fazem conquistas rapidamente.

São otimistas e com facilidade estão satisfeitos de si mesmos, mas às vezes são um pouco violentos.

Santos: São Jorge, soldado, nascido na Capadócia, por sua fé, condenado à morte por Diocleciano. Muitas ordens de cavalaria na Idade Média tomaram São Jorge como patrono. Padroeiro da Inglaterra, da Rússia, da Turquia, dos cavalheiros, dos soldados e dos.

Celebridades: Seis reis da Inglaterra e vários príncipes das casas reais da Grécia, da Dinamarca, da Rússia e da Saxônia.

George Washington, primeiro presidente dos Estados Unidos.

Georges Bernanos, escritor francês contemporâneo.

Jorge I, rei da Inglaterra.

Georges Biset, compositor francês,

George Guétary, cantor francês.

Obra: Georges Dandin, de Molière.

JOSÉ

Em francês: Joseph.

Em inglês: Joseph.

Em alemão: Josef.

Etimologia: do hebraico: "*o que prospera*".

Características: são tranquilos e reflexivos, sem pretensões, ainda que dotados de certo amor próprio que os anima a querer trabalhar melhor. Excelentes organizadores agrada-lhes o trabalho contínuo e organizado, Geralmente atingem seus propósitos sem muito esforço.

Têm caráter reflexivo e organizado.

São um pouco fracos e lânguidos, desanimam com facilidade e podem chegar a ser muito infelizes.

Santos: São José, esposo da Virgem Maria e pai presumível do Menino Jesus. Patrono dos carpinteiros, dos operários, dos moribundos, da Igreja, do Canadá, do Peru e do Vietnam.

São José de Cupertino (1603-1663), frade franciscano que se evoca na ocasião dos exames.

Celebridades: José II, imperador da Áustria.

José Bonaparte, primogênito da família, rei da Espanha.

José Stalin, ditador russo.

José Montgolfier, inventor do aeróstato.

José Verdi, compositor italiano.

JOSEFA ou JOSEFINA

Feminino de José.

Celebridades: Josefina de Beauharnais.

Josefina Baker, grande artista do music-hall francês.

JOVITA

Etimologia: Gentílico de *Jovis*, genitivo de *Júpiter*.

Por sua terminação é usado impropriamente como feminino.

JOÃO

Em francês: Jean.

Em inglês: John, Johnny.

Em alemão: Johann e Hans.

Em italiano: Giovanni.

Etimologia: do hebraico, *"aquele que está cheio de graça"*.

De todos os nomes adotados pelo mundo cristão, o de João é o que mais sofreu transformações. Também é o que traz maior número de santos.

Características: Têm muito domínio de si e são capazes de tomar uma decisão imediatamente.

São cavalheiros, de natureza apaixonada e calorosa, em geral são simpáticos.

Realizadores de primeira ordem e de espírito inventivo preferem a solidão.

Agrada-lhes a intimidade do lar e a entrega familiar, sabem fazer-se querer, pois amam com o coração.

Têm uma grande facilidade de adaptação, são sensíveis e deixam-se impressionar facilmente.

Letra J

Santos: o santo maior dos que trazem o nome é São João Evangelista, filho de Zebedeo, irmão de Santiago, o maior, pescador, eleito por Jesus para ser um dos doze apóstolos e o discípulo predileto. Patrono dos impressores, livreiros, editores e escritores.

São João Marcos, discípulo dos apóstolos.

São João Crisóstomo, patriarca de Constantinopla.

São João Damasceno, confessor e doutor, combateu a heresia iconoclasta.

São João Gualberto, cavalheiro florentino do século XI.

São João da Mata (1160-1213), fundador da Ordem dos Trinitários.

São João Nepomuceno, canônico de Praga, no século XIV.

São João de Deus, fundador da ordem dos Irmãos Hospitalares para o cuidado dos enfermos.

São João da Cruz (1542-1591), um dos mestres do misticismo cristão.

São João Berchmans, confessor.

São João Budes, fundador da congregação dos padres do Sagrado Coração de Jesus e de Maria e da ordem de Nossa Senhora da Caridade.

São João Bosco, (1815-1888), fundador da Congregação dos Salesianos. Patrono dos prestidigitadores.

São João Discalceat, venerado pelos bretões.

Celebridades: vinte e três papas com o nome de João, assim como numerosos soberanos, príncipes e políticos da França, Portugal, Espanha, países escandinavos etc.

O Papa João XXIII, João, o Bom, rei da França.

João-Paulo Sartre, escritor francês contemporâneo.

João de Bruxelas, autor dos cartões de tapeçarias do Apocalipse.

João Cabot, explorador italiano que em 1497 dirigiu de Bristol viagens de descobrimento até a América do Norte.

Jean-Jacques Rousseau, escritor francês.

João Sebastião Bach, ilustre músico alemão. João Luis Barrault, ator francês. João Sibelius, músico finlandês.

Jean Gabin, ator do cinema francês.

JOANA

Em francês: Jeanne, Jeannette.

Em inglês: Jane, Joan.

Em italiano: Giovanna.

Etimologia: a mesma de João.

Santas: Santa Joana do Arco ou d'Arc, heroína francesa, libertadora e patrona da França, queimada viva em Rouen.

Santa Joana de Valois (1464-1505), filha de Luis XI, fundadora da ordem Anunciadas.

Santa Joana de Chantal.

Celebridades: várias princesas de Navarra, de Flandres, de Borgonha e de Nápoles.

Obras: Jane Eyre de Charlotte Brönte, Jane Michelin, de H. Bordeaud.

JOÃO BATISTA

Etimologia: do hebraico, *"senhor e batizador".*

Características: inventivos, espíritos originais, se não se sentem compreendidos por todos e se a multidão não os segue e não os aprova, apenas se preocupam, pois preferem a solidão à sociedade.

Santos: São João Batista, precursor do Messias, filho de Zacarias e de Isabel, batizava no deserto, daí seu nome de Batista. Patrono dos canadenses franceses, dos fabricantes de facas, dos afiadores, dos escultores, dos tanoeiros. São João Batista de la Salle (1651-1719), fundador dos Irmãos das Escolas Cristãs.

Celebridades: João Batista Poquelin (Molière).

João Batista Pigalle, escultor francês.

João Batista Kleber, general francês.

JOÃO MARIA

Santo João Maria Vianney (1787-1859), pároco francês da diocese de Belley; com suas orações e suas mortificações realizou conversões famosas.

JUDAS

Etimologia: do hebraico, *"aplaudido, honrado".*

Santo: São Judas, um dos doze Apóstolos, mártir no século I, irmão de Santiago, o Menor, evangelizador da Mesopotâmia.

JUDITE

Em francês, inglês e alemão: Judith.

Italiano: Giuditta.

Etimologia: do latim procedente do hebraico, *"aquela que voava".*
Heroína bíblica que cortou a cabeça de Holofernes, o general inimigo.

Santa: Santa Judite, mártir em Milão no século VII.

Celebridades: Judite da Baviera, segunda esposa de Luis, o Piedoso, imperador do Ocidente.

JULIA

Feminino de Júlio.

Santa. Santa Júlia, virgem e mártir, padroeira da Córsega.

Celebridades: Júlia, filha de Júlio César.
Júlia Christie, atriz do cinema inglês.
Julie Andrews, atriz do cinema inglês e americano.

Obra: Julie ou la Nouvelle Héloise, de J. J. Rousseau, Júlia de Trécœur, de O. Feuillet.

JULIANO

Derivado de Júlio.

Santos: São Juliano Hospitaleiro, assim chamado devido à sua caridade, mártir venerado, sobretudo na Cicília.
Patrono dos viajantes, dos barqueiros, dos telheiros e dos trovadores.
São Juliano de Brioude, soldado romano, martirizado em Brioude, em 304.
São Juliano, bispo e principal patrono da diocese de Mans.

Celebridades: Julien Viaud, chamado Pierre Loti, oficial da marinha e escritor francês.

Obra: A Lenda de São Juliano, o Hospitaleiro, de G. Flaubert.

Juliana. Feminino de Juliano.

Santa: Santa Juliana, martirizada com seu filho, São Ciro, padroeira dos tintureiros e de Nevers.

JULIO

Em francês: Jules.

Em inglês e alemão: Julius.

Em italiano: Giulio.

Etimologia: do grego, *"que têm uma cabeleira abundante e encaracolada"*.

Características: Têm um espírito prático, positivo e sabem muito bem escapar de embaraços. Ágeis, complacentes, desenvolvidos, amáveis, geralmente abnegados, pode prestar grandes favores ao seu próximo. Têm um sentimentalismo muito ardente e um temperamento muito afetuoso e são sinceros nas suas declarações mais exaltadas.

Às vezes levam um pouco longe seu desejo de originalidade e suas aventuras amorosas estão frequentemente cheias de decepção.

Em ocasiões, veem-se inclinados à melancolia.

Santo: Santo Júlio I, papa de 327 a 352, defensor encarniçado da fé.

Celebridades: Três papas, dos quais o mais célebre é Júlio II, o grande Papa do Renascimento.

Júlio César, general, cônsul e ditador vitalício romano.

Júlio Mazarin, conselheiro de Ana da Áustria e de Luis XIV.

Júlio Renard, escritor francês.

Júlio Verne, escritor belga.

JULIETA

Feminino de Júlio.

Santa Julieta ou Julita, martirizada com seu filho, São Ciro, patrona dos tintureiros e de Nevers.

JUSTINO

Etimologia: do latim, *Justinus*, derivado de Justo. "Conforme ao direito".

JUSTINO

Derivado de Justo.

Santos: São Justiniano, filósofo pagão convertido, doutor da Igreja e mártir no século II. Patrono dos filósofos.

São Justino, mártir aos nove anos em Louvres.

São Justiniano, bispo de Tarbes e mártir.

JUSTO

Etimologia: do latim, *"justo, homem integro"*.

Santos: São Justo, arcebispo de Canterbury.

São Justo, bispo de Lion e ermitão.

Celebridades: Justo, família de escultores, procedentes dos arredores de Florença.

Obra: Juste Lobel, Alsacien, de Lichtenberger.

JUVÊNCIO

Etimologia: do latim.

Celebridade: Mártir em Roma.

KAREN

Etimologia: do escandinavo. Karina.

Características: De vontade firme, direta, sem arrebatamentos; têm uma personalidade transbordante e dão a impressão de terem grande confiança em si, mas infelizmente isto não é muitas vezes, mais do que aparência.

Como têm uma inteligência viva, adaptam-se a tudo e são excelentes em tudo o que se move ou muda. Sua moralidade é variável.

KOLDO

Luís em basco.

LADISLAU
Etimologia: do eslavo Vladi-Slava, *"senhor glorioso"*.
Rei da Hungria, no século XI.

LAUDELINO
Etimologia: do germânico Land, «*terra, pátria*», latinizado com o gentílico inus: *"do país, que ama o país"*.

LANCELOTE
Etimologia: Assimilado a Ladislau, ainda que possivelmente influenciado pelo prefixo germânico Land. Adaptação do Lancelote francês, popularizado pelo amante da rainha, Genebra nas lendas da Távola Redonda.

LARISSA
Celebridade: Mártir.

LAURA
Etimologia: do latim," *laurel"*.
Características: Possuem uma grande imaginação.
São sonhadoras e com frequência os sonhos ocupam o lugar da dura realidade no seu espírito.
Possuem uma forte inclinação pela vida fácil e seus prazeres.
São muito amantes e sensuais, sabem conquistar os que amam.

Santa: Santa Laura, viúva e mártir em 864.

Celebridade: Laura, duquesa de Abrantes.

LAVINIA

Etimologia: do latim, *"pedra"*.

Obra: Nome mitológico criado por Virgílio na Eneida, para a filha do rei Latino, esposa de Enéias, para justificar a origem da cidade de Lavinium.

LÁZARO

Etimologia: do hebraico: *"ajuda de Deus"*.

Características: São seguros de si mesmos, corretos, bem equilibrados e confiaveis.

Sentem uma espécie de reconhecimento pelas pessoas que os amam e sentem-se especialmente orgulhosos do seu ambiente.

Santos: São Lázaro, irmão de Marta e Maria, ressuscitado por Jesus, primeiro bispo de Marselha e mártir.

São Lázaro, religioso e pintor grego do século IX.

Celebridades: Lazare Hoche, general francês.

Lazare Carnot, político.

LEANDRO

Etimologia: do grego: Liandros, *«leão-homem»*.

Celebridades: Bispo de Sevilha.

LEIR

Etimologia: forma catalã de Licério (do grego, Lykerios, derivado de Lyke, *«luz»* ou de *«Lykos»*, lobo.

LEOCÁDIO (A)

Etimologia: do latim através do grego.

Celebridades: Virgem e mártir no século IV.

Letra L | 133

LEÃO

Em francês: Leon.

Em inglês: Leon.

Em alemão: Leo.

Em italiano: Leone.

Características: São pessoas célebres que não se deixam levar facilmente submetidas a arrebatamentos sem gravidade e de curta duração. Dotadas de grandes faculdades assimiladoras, são corajosas e não retrocedem diante das dificuldades e dos perigos.

Possuem temperamento para os negócios e agrada-lhes a arte.

Têm sentido prático e agrada-lhes a ordem e a economia. Não obstante, carecem de prudência e sofrem arrebatamentos de cólera.

No amor, são pouco dadas às carícias amorosas, em troca, suas qualidades de espírito fazem deles maridos dignos e nobres.

Santos: São Leão I, o Grande, papa (de 400 a 461) que salvou Roma duas vezes contra os ataques dos bárbaros.

São Leão, bispo e mártir, apóstolo dos bascos,

São Leão II papa.

São Leão III papa.

São Leão IV papa.

São Leão IX papa.

Celebridades: 13 papas, seis imperadores do Oriente.

Leão XIII, um dos papas mais importantes dos tempos modernos.

Leão Tolstoi, romancista russo, Leão Gambetta, advogado e político francês, Leon Bloy, escritor francês.

LEONARDO

Etimologia: do latim germânico, *"leão atrevido".*

Características: Os mesmos que para Leão.

Santos: São Leonardo de Noblac, ermitão por volta de 559.

São Leonardo, abade e ermitão, companheiro de Clodoveu que se converteu com ele, na batalha de Tolbiac. Patrono dos prisioneiros e dos fruteiros.

São Leonardo de Porto Maurício, franciscano e missionário popular do século XVII.

Celebridade: Leonardo Da Vinci, pintor da Gioconda.

LEÔNCIO

Etimologia: nome masculino derivado de leão, às vezes também feminino.

Santo: São Leôncio, bispo de Fréjus.

LEÔNIDAS

Etimologia: do grego.

Celebridade: Mártir no Egito no século III.

LEONOR (A)

Em francês: Léonore.

Em inglês: Leonore, Lenore.

Em alemão: Lenore, Lenor. Dervado de Eleonor.

Celebridades: Várias rainhas de Castela na Idade Média.

LEOPOLDO

Etimologia: de raiz latina germanizada, *"leão temerário"*.

Características: Possuem uma inteligência ampla e bem ordenada, triunfam com facilidade na vida.

Têm força de vontade e são bastante sensíveis.

Na amizade e no amor são sinceros e fiéis.

Santos: São Leopoldo (1073 – 1136), Margrave da Áustria a quem se deve a fundação de Viena.

Celebridades: Três reis da Bélgica, dois imperadores do Sacro Império Germânico, numerosos príncipes da Áustria e da Baviera.

LEOVIGILDO

Etimologia: do germânico: Leuba-Hild, *"guerreiro amado"*.

Celebridades: Rei godo, pai e executor de São Hermenegildo e tenaz partidário da heresia ariana.

LETÍCIA

Etimologia: do latim: *"gozosa"*.

Celebridades: A mãe de Napoleão I.

LÍCIA

Etimologia: Por analogia com Lídia, poderia crer-se como gentílico da comarca de Lícia, na Ásia.

Talvez seja mais provável relacioná-lo com os sobrenomes de Diana e de Apolo, ambos originados de Lyke, luz, ou a partir de Lykos, lobo, símbolo da violenta luz do sol.

LICÍNIO

Gentílico de Lícia.

Celebridades: Imperador romano do século IV.

LÍDIA

Etimologia: do grego, *"habitante de Lídia"*.

Características: Muito românticas, boas e serviçais. Imaginativas e sentimentais. São consideradas esbanjadoras. Leais, sinceras, grandes enamoradas e muito falantes.

Santa: Santa Lídia, comerciante de púrpura na Macedônia, convertida por São Paulo.

LÍLIA

Etimologia: do latim Lilium, "*lírio*", símbolo de pureza. Influenciado posteriormente pelos nomes ingleses, Liuly, Lilla, hipocorísticos de Elisabeth.

LILIANE

Diminutivo de Isabel. (Elisabeth).

Características: Costuma destacar-se por sua beleza.

Apaixonada, brilhante. Cartista total.

Defende fervorosamente as idéias que lhe agradam e as pessoas que quer.

LINA

Etimologia: diminutivo de Adélia. (Adelina).

Características: Às vezes é lunática.

Grande sonhadora que logo não sabe o que fazer com a realidade. Excessivamente nas nuvens.

LINDA

Etimologia: do germânico. Diminutivo de Gerlinda.

Celebridade: abadessa de um mosteiro na Alemanha.

LINO

Em francês: Linus.

Em inglês: Linus.

Em alemão: Linus.

Etimologia: do nome grego Linos, originário da planta Linon, "linho" de que era feito o fio da vida que cortava a parca Átropos. Ou do latim, Linio, "ungir".

Celebridade: Primeiro papa depois de Pedro.

LOPES

"O lobo, "Lúpus".

Desempenhou na cultura clássica um papel importante, desde a fundação de Roma, quando aparecem Rômulo e Remo amamentados por uma loba, às *Lupercalia*, estranhas festas orgíacas que marcavam o final do inverno. Dai, a importância do seu nome.

Celebridade: A rainha Loba que encontrou o túmulo de Santiago.

Lope de Veja, escritor.

LORENA

Invocação mariana francesa, alusiva à Virgem da região da Lorraine, antiga Lotanrigia de Lotarius.

LOURENÇO

Em francês: Laurent.

Em inglês: Lawrence.

Em alemão: Lorenz.

Etimologia: do latim: *"coroado de lauréis".*

Características: Têm um bom caráter, flexível, são risonhos, com muita paciência, o que com que triunfem seus projetos.

Dotados de viva inteligência, são especialmente levados aos trabalhos em que a miúdo se põe à prova a imaginação.

Possuem um coração de ouro e são capazes e dignos de inspirar estimação, amizade e amor.

No amor, podem amar vários seres por sua vez.

Santos: São Lourenço, arqui-diácono do papa Sixto II. Patrono dos cozinheiros e dos bombeiros.

São Lourenço Justiniano, nobre Vêneto do século XV, que distribuiu sua fortuna em esmolas e converteu-se em patriarca de Veneza.

Celebridades: Lourenço de Médicis, um dos representantes mais ilustres da família que reinou em Florença.

LORETO

Invocação mariana italiana.

Conforme a tradição, os anjos a levaram em 1294 a um lugar de Ancona repleto de lauréis (um *lauretum*); a casa de Belém, onde nasceu Jesus.

Santa: Santa Loreto, virgem desta localidade, padroeira da aviação.

LOTÁRIO

Em francês: Lothaire.

Em inglês: Lothair, Lowter.

Em alemão: Lothar.

Em italiano: Lotario.

Etimologia: do germânico *"Leudi-Hari"*, "exército glorioso".

Celebridades: Vários reis francos e um bispo santo do século VIII.

LOURDES

Etimologia: a forma original do topônimo é *Lorde*, palavra que significa *"altura prolongada em declive"*.

Invocação mariana francesa, alusiva às aparições da Virgem à vidente Bernadette Soubirous, na localidade homônima, no ano de 1858.

LUCAS

Em francês: Luc.

Em inglês: Luc.

Em alemão: Lukas.

Etimologia: Do latim: *"o luminoso"*.

Características: São plenos de finura, de graça, de discrição e de inteligência. Dotados de energia e de vontade, de um espírito assimilador, são muito hábeis para dirigir seus assuntos.

Têm muito talento, são dotados para qualquer tipo de trabalho, mas carecem de paciência e ficam submetidos a problemas físicos e morais.

Com frequência buscam a solidão e às vezes se deixam levar pela

melancolia. Possuem um espírito assimilador e positivo. Agrada-
-lhes a paquera, ainda que não dure demasiado, pois se casam muito
rápido. Não obstante, se não encontram uma pessoa a quem amar,
preferem ficar solteiros.

Santos: São Lucas, pregador, médico, discípulo e companheiro de São
Paulo, a quem se lhe atribui um retrato célebre da Virgem Maria; martirizado em Acaya. Padroeiro dos pintores, dos médicos e dos escultores.

Celebridades: Lucas III, papa que deu início à Inquisição.
Lucas de Achery, monge célebre. Luc Merson, pintor.

LÚCIA

Em francês. Lucie.
Em inglês: Lucy.
Em alemão: Lucia. Feminino de Lucas.

Santa: Santa Lúcia, virgem e mártir em Siracusa no século XV. Padroeira dos videntes.

Obra: Lúcia de Lammermoor, ópera de Donizetti (1835).

LUCIANO

Em francês: Lucien.
Em inglês: Lucian.
Em alemão: Lucian. Derivado de Lucas.

Etimologia: derivado de Lucas.

Santos São Luciano, bispo de Beauvais no século III.
São Luciano de Antioquia, padre, nascido em Samosate e morto como
mártir na Antioquia.

Celebridades: Luciano de Samosate, escritor grego.
Luciano Bonaparte desempenhou um papel de primeira ordem no
dia do golpe de estado de Brumário, como presidente do conselho
dos quinhentos e foi príncipe de Caninio.

Obra: Lucien Leuwen, novela de Sthendal, inacabada, publicada em 1894.

LUCIANA

Etimologia: do romano Lucina *"que dá a luz"*.

Celebridade: "Deusa romana dos partos, semelhante à Juno e Diana".

LUCRECIA

Etimologia: do latim.

Celebridades: Lucrecia Borgia, de família italiana de origem espanhola. Dama romana que se suicidou depois de ter sido ultrajada por um filho de Tarquínio, o Soberbo, acontecimento que serviu de pretexto para derrocar a realeza em Roma. Lucrécio, poeta latino nascido em Roma. Lucrecetragédia de Ponsard (1843).

LUDMILA

Etimologia: do eslavo *"amada pelo povo"*. Possível concorrência com a raiz germânica Lod, "glória" e a latina germanizada, Milus "doce".

LUÍS

Em francês: Louis.
Em inglês: Louis, Lewis.
Em alemão: Ludwig.
Em italiano: Luigi.

Etimologia: do alto alemão: *"guerreiro ilustre"*. (Clodoveu é uma forma antiga do nome).

Características: são inteligentes, leais, muito flexíveis e com frequência, polivalentes.

São amáveis, corteses e muito agradáveis, porque gozam de um espírito vivo e de uma desenvoltura garbosa. Muito brilhantes em sociedade. Junto às suas qualidades possuem alguns defeitos como os ciúmes e a suscetibilidade.

No amor são afetuosos, sinceros, fiéis, sabem permanecer simples

Letra L | 141

e simpáticos e consideram o amor como algo muito sério com que contam na vida.

Santos: São Luís IX, rei da França, filho de Luís VIII e de Branca de Castilha (1215- 1270); seu reinado assinala o apogeu da França na Idade Média, de que é uma das suas figuras mais relevantes. Padroeiro dos cabeleireiros, dos fabricantes de botões e de passamanaria,dos barbeiros, das costureiras e dos lapidários.

São Luís (1274- 1297), filho de Carlos II, rei de Nápoles, bispo de Tolosa.

São Luís Gonzaga (1568-1591), jovem nobre, pajem do príncipe Santiago, patrono da juventude cristã.

São Luís Maria Griñon de Monforte (1673-1716), grande apóstolo da devoção à Santa Virgem.

Celebridades: 19 reis da França, com Luís Felipe trazem este nome, assim como quatro imperadores da Alemanha, vários soberanos e príncipes da Baviera, da Turíngia, da Hungria, da Holanda, da Espanha, de Portugal, da Sabóia, de Nápoles e da Sicília.

Louis Pasteur, ilustre químico e biólogo francês.

Ludwig Van Beethoven, célebre compositor alemão de música clássica.

Luís II de Bourbon, o Grande Conde.

Luís Nicolau, apelidado Victor, arquiteto francês.

Luís Armstrong, trompetista americano.

LUÍSA

Forma de Luís.

Celebridades: Luísa de Sabóia, mãe de Francisco I.

Luísa de Orleans, primeira rainha da Bélgica.

Luísa de Lorena, esposa do rei da França, Henrique III.

Obra: Louise, de Gustavo Charpentier.

MACARENA

Etimologia: Invocação da Virgem Maria muito popular em Sevilha, alusiva a um bairro cujo nome procede de um antigo edifício relacionado com São Macário.

MACÁRIO

Etimologia: do grego, Machaera «*espada*», ou seja, «*o que traz a espada*». Ou, de Makar, «*feliz*», de onde Makarios «o que alcançou a felicidade, defunto».

MAFALDA

Etimologia: do germânico Maganfrid, «*pacificador, forte*».

Santa: beata portuguesa, filha de Sancho I e esposa de Henrique I de Castela, século XIII. Nagali.

Obra: Personagem popularizada no poema «Mireio».

MADALENA

Em francês: Madeleine, Magdeleine.
Em inglês: Magdalen, Madelin.
Em alemão: Magdalane.
Em italiano: Maddalena.

Etimologia: do hebraico, através do latim, de Magdala, cidade na fronteira de Tiberíades, na Palestina, onde vivia Maria Madalena.

Letra M | 143

Características: São inteligentes, bonitas, atraentes, sensíveis, simpáticas, desembaraçadas e de natureza generosa. Simpatizam-se com facilidade, agrada-lhes muitíssimo a vida e são esposas encantadoras. Também têm alguns defeitos como a falta de reflexão e a frivolidade.

Santas: Santa Madalena ou Maria Madalena, a pecadora.
Santa Maria Madalena de Pazzi, carmelita no século XVI que ingressou no Carmelo aos 17 anos.
Santa Madalena Sofia Barat, religiosa do século XIX.
Santa Maria Madalena Postel (1758 – 1848), fundadora de uma ordem normanda para a educação das jovens.

Celebridades: Madalena de França, filha de Carlos VII. A marquesa de Parrabere, amante do Regente.
Madalena de Scudéry, escritora.

MAGIM

Etimologia: do latim: Maginus, talvez de Magnus *"grande o melhor"*, variante de Maximus.

Celebridade: ermitão do século IV, em Tarragona.

MALVINA

Etimologia: do latim Malvinus, derivado de malva, «*malva*», germanizado com a raiz *win*, «*amigo*». Não têm nada a ver com as ilhas Malvinas que procedem do francês *Malouines,* pelos pescadores de Saint Malo que aí se estabeleceram.

MAMÉS

Etimologia: do grego: "*Mamás*".

Santo: Santo Mames, santo do século III, órfão que chamava Mamá (palavra de uso corrente em grego) a sua mãe adotiva.

MANRIQUE

Etimologia: do germânico Manrich, «*homem, rico, poderoso*».
Tomado na prática como variante de Amalarico e este de Amal, nome
de uma tribo e Rich, rico, poderoso.

MANUEL

Em francês: Manuel.

Em inglês: Manual.

Em alemão: Manuel.

Etimologia: derivado de Emanuel. De natureza independente, superiores e muito carinhosos, guardam todo o seu coração para aquela que lhes é destinada. São obstinados, não aceitam conselhos facilmente e não têm amigos verdadeiros.

Santo: São Manuel, mártir em Calcedônia, no séc. IV.

Celebridades: Nome de vários príncipes espanhóis e portugueses.
Manuel De Falla, compositor espanhol.

MARCELINA

Etimologia: derivado de Marco e de Marcelo.

Santas. Santa Marcelina, virgem, em Milão no séc. IV.

Celebridade: Marcelina Desbordes Valmore, poetisa.

MARCELINO

Etimologia: derivado de Marco e de Marcelo.

Santos: São Marcelino papa martirizado sob o mandato do imperador Máximo em 304. São Marcelino, mártir romano em 302.
São Marcelino, primeiro bispo de Embrun.

MARCELO

Etimologia: a mesma de Marco.

Letra M | 145

Santos: Santo Marcelo (350 -405), bispo de Paris. Padroeiro dos comerciantes de grãos.

Celebridades: Marcel Pagnol, dramaturgo francês.

Marcel Aymé, escritor francês.

Marcel Marceau, célebre mimo.

MARCIAL

Etimologia: do latim, "*belicoso*", nascido sob o planeta Marte.

Santo: Santo Marcial, apóstolo da Aquitânia, primeiro bispo e patrono de Limoges. Marciana.

Celebridade: virgem e mártir da Mauritânia, século IV.

MARCO (S)

Em francês: Marc.

Em inglês: Mark.

Em alemão: Markus.

Etimologia: do latim sobre uma raiz ária, derivado de Marte: "*bravo, valente, que move combatente*".

Características: dotados de boa inteligência, voluntariosos, constantes, têm o sentido da precisão. De natureza tranquila e reflexiva, são obstinados e um pouco egoístas. Bastante alegres tomam a vida pelo lado bom. Finos, astutos, fiéis na amizade e no amor, são capazes de vínculos sinceros.

Quando se casam, o ser amado pode estar seguro da felicidade.

Santo: São Marcos, um dos quatro evangelistas, discípulo e companheiro de São Pedro em Roma, fundador da capital de Alexandria, mártir no Egito, em torno de 67. Patrono de Veneza, dos cristais e dos rebanhos.

Celebridades: Marco António, amigo e auxiliar de César.

Marco Aurélio, imperador romano.

Mark Twain, famoso escritor americano.

Jean-Marc Nattier, célebre pintor retratista francês.

146 | Dicionário dos Nomes e seus Significados

MARGARITA

Em francês: Marguerite.

Em inglês: Margaret.

Em alemão: Margareta.

Em italiano: Margarita.

Etimologia: do grego: *"pérola".*

Características: possuem grande inteligência intuitiva, muita bondade e um espírito conciliador. Agrada-lhes o belo e tudo que exprime bondade. Muito sinceras, gozam de uma firme vontade, rígida e reta. São enamoradas natas e encontram a felicidade no amor. Fortemente inclinadas pela religião, muitas delas não estão destinadas ao matrimônio. Também possuem seus pequenos e grandes defeitos.

Santa: Santa Margarida, virgem e mártir na Antioquia (255-275). Padroeira dos lavadores, das lavadeiras e das tecelãs.

Santa Margarida da Escócia (1046-1093), filha de Eduardo de Ultramar.

Santa Margarida de Cortone (1249-1297).

Santa Margarida da Hungria (1242-1271), filha do rei da Hungria Bela IV.

Santa Margarida Maria de Alcoque (1648-1690).

Celebridades: várias rainhas da Inglaterra, da Dinamarca e da Espanha.

Margarida de Valois, esposa de Henrique IV.

Margarida Duras, romancista francesa contemporânea.

Margarida de Provença, esposa de Luís IX.

Margarida de Borgonha, esposa de Luís X.

Margarida de Áustria, filha do imperador Maximiliano.

Margarida Tudor, mãe de Jacó V, Estuardo.

Obras : Margarida, Personalidades do Fausto de Goethe.

Marguerite Gautier, a Dama das Camélias.

MARIA

Em francês: Marie.

Em inglês: Mary.

Em alemão: Maria.

Etimologia: do hebraico, *"iluminadora, espelho, soberana"*, o do sírio, *"princesa das águas".*

Características: são de natureza ativa, doce, agradável e não fazem nenhum esforço para brilhar. São dadas ao sonho e têm um temperamento fácil de contentar. Pouco exigentes, gostam, sobretudo das pessoas modestas e tornam-se muito boas companheiras no matrimônio.

Santas: Santa Maria ou a Santíssima Virgem, filha de São Joaquim e de Santa Ana, mãe de Jesus Cristo. Padroeira da França.
Santa Maria de Cleofás, irmã as Santíssima Virgem, mãe de Santiago, o Menor. Santa Maria Egipcíaca (345-421), penitente. Padroeira dos padeiros.
Santa Maria, a Penitente.

Celebridades: Numerosas princesas e soberanas tiveram o nome de Maria na Alemanha, Inglaterra, Escócia, Espanha, França, Países Baixos e Itália.
Maria de Médici, esposa de Henrique IV.
Maria Antonieta, filha de Francisco.
Maria Lupis, segunda esposa de Napoleão.
Maria Estuardo, rainha da Escócia.
Maria Tudor, filha de Henrique VIII.
Maria Cristina, regente da Espanha, mãe de Afonso XIII.
Maria Callas, estrela da ópera.

Obras: «Marie», poema de Briseux, Marie-Claire, de Marguerite Andoux.

MARIANA

Etimologia: nome composto de Maria e de Ana. Derivado de Maria.
Santa Mariana, virgem do Oriente no século.

Celebridades: Marilyn Monroe, estrela do cinema americano.

Obras: Marianne, de Marivaux; Marianne de Jules Sandeau.

MARINO ou MARINHO

Etimologia: do latim: *"Mar, Maris"*, que procede do mar, marino.

Santo: São Marino o Anacoreta (310-395) que traçou o plano da ponte de Rimini.

Celebridades: dois papas. O Cavalheiro Marin, poeta italiano.

MARINA

Fem. de Marin.

Santa: Santa Marina penitente, virgem e mártir do século VIII.

Celebridades: a princesa Marina, viúva do duque de Kent. Marina Vlady, atriz italiana.

MARIO

Etimologia: derivado de Maria.

Características: São amáveis, agrada-lhes trabalhar com firmeza e exageram um tanto a magnitude das suas façanhas. Dispostos a prestar favores, são sinceros e agrada-lhes o humor. Seu riso oculta às vezes uma emotividade que temem descobrir. No amor encontram felicidade.

Santo: São Mário, martirizado em Roma, junto a sua mulher e seus filhos, no século III.

Obra: Marius, de Marcel Pagnol.

MARISA

Diminutivo de Maria.

MARTA

Em francês: Marthe.
Em inglês: Martha.
Em alemão: Marthe.
Em italiano: Marta.

Etimologia: do sírio, *"ama de casa".*

Características: possuem um espírito desperto, curioso, inteligência aberta e clara, interessam-se por tudo. São muito lutadoras, muito empreendedoras e agradáveis de se tratar. São desembaraçadas, geralmente frágeis, mas capazes de utilizar uma energia quase insuspeita. Não têm maldade e odeiam a vulgaridade. Não gostam dos conselhos dos demais e às vezes fecham-se na solidão. Tendem a irritar-se com facilidade. Gostam muito do sexo oposto.

Santa: Santa Marta, irmã de Maria de Betânia e de Lázaro. Padroeira dos cozinheiros, dos hoteleiros, dos serventes e das lavadeiras.

MARTIM – MARTINHO ou MARTINS

Em francês, inglês e alemão: Martin.

Etimologia: derivado do latim: Mars, *"Deus da guerra".*

Características: desembaraçados e capazes de pôr em seu lugar os importunos. Afáveis, muito acomodados, são pessoas de trato agradável.

Santo: São Martim, soldado romano, bispo de Tours, no século IV, um dos santos mais venerados na França. Padroeiro dos trabalhadores das vinhas dos moinhos, dos pedestres e dos soldados.

Celebridades: cinco papas trouxeram o nome de Martim.
Martim Lutero, reformador da igreja germânica.
Roger Martin du Gard, escritor francês contemporâneo,
Martin Luther King, célebre dirigente norte americano.

MARTINA

Feminino de Martim.
Santa Martina, virgem romana, martirizada nos princípios do século III.

Celebridades: Martina, imperatriz do Oriente.

MATEUS

Em francês: Mathieu ou Matthieu.

Em inglês: Matthew.

Em alemão: Matthaeus.

Etimologia: a mesma que para Matias.

Características: são muito econômicos e põem todas as suas faculdades intelectuais a serviço do seu desejo de triunfo. São corretos e justos, sabem amar com fidelidade.

Santos: Santo Mateus, apóstolo e evangelista, mártir na Pérsia, no século I. Padroeiro dos banqueiros, dos economistas, dos tesoureiros e dos aduaneiros.

Celebridades: Luís Mateus Mole, homem de estado francês.

MATIAS

Etimologia: do hebraico: *"dom do Senhor".*

Características: são justos, generosos, amáveis e de trato agradável. Neles domina o amor, além do mais são fiéis e muito exigentes a respeito.

Santo: São Matias, eleito pelos apóstolos depois da Ascensão, para substituir Judas, o evangelizador da Etiópia, martirizado próximo de Jerusalém, em 61.

Celebridades: Matias, rei da Hungria e imperador do Santo Império Germânico. (1557-1619).

MATILDE

Em francês: Mathilde.

Em alemão: Mathilde.

Em inglês: Mathilda.

Etimologia: do alto alemão, *"poderosa no combate".*

Características: de inteligência bastante lenta, devem trabalhar muito para vencer na vida. Com frequência carecem de confiança em si mesmas

Letra M | 151

o que as impede de terminar coisas que estariam em condições de beneficiá-las. No amor, não se deixam levar pelos sentimentos com facilidade.

Santas: Santa Matilde (890-968), rainha da Alemanha.

Santa Matilde (1080-1118), rainha da Inglaterra.

Celebridades: várias princesas e soberanas da Inglaterra e do Império Germânico. A rainha Matilde, esposa de Guilherme o Conquistador.

MAURICIO

Em francês: Maurice.

Em inglês: Maurice.

Em alemão: Moritz.

Etimologia: a mesma que para Mauro.

Características: são trabalhadores e estudiosos, não lhes agrada perder tempo com diversões. Têm senso comum, são inteligentes, pouco sentimentais e têm uma alta opinião de si próprios. São cheios de entusiasmo, e feitos para levar a bom termo as grandes tarefas da vida. São ajuizados e não lhes agrada mudar de trabalho. No amor, sabem distinguir o verdadeiro do falso, no campo dos sentimentos e quando se casam, o lar proporciona-lhes a verdadeira alegria.

Santos: São Maurício, chefe da legião tebana, martirizado em Agaune. Patrono dos militares, dos tintureiros e dos lavadores.

São Maurício Duault (1115-1191), abade do mosteiro de Langouet.

Celebridades: Maurício da Saxônia, aliado de Carlos V contra os protestantes. Maurice Chevalier, o mais célebre dos cantores franceses.

Maurice Utrillo, pintor francês contemporâneo.

Maurice Maeterlinck, escritor e entomólogo belga.

MAURO

Etimologia: do grego: "*escuro sombrio*".

Santo: São Mauro (512-584), abade, primeiro discípulo de São Benedito. Padroeiro dos caldeireiros.

MAXIMILIANO

Derivado de Máximo.

Santos: São Maximiliano, soldado e mártir.
São Maximiliano, bispo de Passau.
São Maximiliano, centurião romano.

Celebridades: dois imperadores do Sacro Império. Vários duques, eleitos ou reis da Baviera. Maximiliano de Robespierre, revolucionário francês.

MAXIMINO

Etimologia: derivado de Máximo.

Santos: São Maximino, fundador e primeiro bispo da igreja de Aix, no século I. São Maximino, bispo de Treves e de Poitiers no século IV.

Celebridade: Maximino, imperador romano.

MÁXIMO

Etimologia: do latim: "*o maior*".

Características: tranquilos, comedidos, muito sociáveis, detestam a extravagância. Amam o próximo e têm o sentido justo da palavra dada. Nunca abandonam a quem prometeram ajudar. Dão provas de muita distinção tanto nas idéias como prática. Têm uma considerável dignidade na vida e no amor, quase sempre asseguram a felicidade do seu cônjuge.

Santos: São Máximo, o Confessor (580-662) primeiro secretário imperial e depois monge.
São Máximo de Lerins, bispo de Riez.
São Máximo, verdugo de Santa Catarina, convertido e mártir.

Celebridades: vários imperadores romanos. Máximo Gorki, escritor russo.

Letra M | 153

MAIA

Nome mitológico.

Etimologia: do grego maia, «*mãe*».

Celebridades: Maia, filha de Atlas e mãe de Hermes.

Nome de uma das Plêiades de Maria.

MELÂNIO

Etimologia: do grego: Melânios, «*negro, escuro*» ou «com manchas negras.».

Celebridade: sobrenome de Demétrio, pelo luto que levava por sua filha Proserpina, raptada aos Infernos por Platão.

MELQUIOR

Etimologia: do hebraico: "*rei*".

Celebridade: um dos três Reis Magos.

MILTON

Etimologia: do latim: Mellitus, «*doce como o mel*».

MENDO

Contração portuguesa de Menendo ou Melendo, ambas, por sua vez, formas já contraídas de Hermenegildo.

MERCEDES

Nome consagrado a Nossa Senhora das Mercês.

MIGUEL

Em francês Michel.

Em inglês: Michael.

Em alemão: Michael.

Etimologia: do hebraico: *"semelhante a Deus"*.

Características: agrada-lhes o estudo, o trabalho, o luxo e a beleza. São de caráter caprichoso, variável e acima de tudo preferem a independência. São ativos, desembaraçados e têm um espírito grave e concentrado que sabe encontrar o verdadeiro sentido da vida. São sedutores e agrada-lhes muito o sexo oposto. Sempre terão êxito nas ciências abstratas e na vida artística.

Santo: São Miguel Arcanjo, chefe da hoste celestial, citado na Bíblia cinco vezes por suas intervenções. Patrono da França, dos armeiros, dos mestres de armas, das esgrimas, dos padeiros, dos pasteleiros, dos estufeiros, dos banqueiros, dos paraquedistas e dos radiologistas. Invocado como protetor contra raios e bombardeios aéreos.

Celebridades: oito imperadores bizantinos, vários czares da Rússia, da Bulgária, da Sérvia, numerosos príncipes eslavos.

Miguel Ângelo, o artista mais completo do Renascimento.

Miguel Faraday, sábio inglês.

Michel Ney, marechal francês.

Michel Simon, grande comediógrafo francês.

Obra: Miguel Strogoff, de Júlio Verne.

MILAGRES

Invocação mariana. Nossa Senhora dos Milagres.

Etimologia: do latim: Miraculum *«maravilha, prodígio»*.

MINERVA

Etimologia: do latim.

Celebridades: Minerva, deusa latina da sabedoria e dos artesãos.

Letra M | 155

MILENA

Etimologia: nome muito popular na Provença.

Etimologia: de mirada «*Milagre*».

Santa: Santa Milena, século V.

Obra: Miréio, poema de F. Mistral, 1859.

MIRIAM

Etimologia: forma hebraica de Maria, como o apresentou a Santíssima Virgem.

Características: os mesmos que para Maria.

MODESTO (A)

Etimologia: do latim, Modestus, "*reservado, comedido*".

Santos: São modesto, preceptor de São Vitor, martirizado em 304. Virgem de Trèves no século VIII.

Obra: Modeste Mignon, de Balzac.

MOISES

Etimologia: do hebraico, "*salvo das águas*", o egípcio, presente de Isis.

Celebridade: Moisés, libertador e legislador do povo israelita.

MÔNICA

Em francês: Monique.
Em inglês: Mônica. A
Em alemão: Monika.

Etimologia: do grego através do latim: "*só, que vive em solidão*".

Características: são mulheres de grande valor, indulgentes, compreensivas e de natureza independente. Não buscam prazeres mundanos, mas preferem alegrias de uma ordem mais elevada. São pacientes, um pouco masculinas e nunca chegam a conseguir a felicidade perfeita. No amor, quase sempre conservam o mesmo temperamento que na vida dos negócios. Sempre triunfam ao organizar sua vida de maneira agradável.

Santa: Santa Mônica (322-387), nascida em Tagaste, morta em Óstia, mãe de Santo Agostinho.

Obra: Monique, de Paul Bourget.

MONTSERRAT

Etimologia: Invocação mariana à Virgem do Monte Serrate, «*monte serrado, dentilhado*», padroeira da Catalunha.

NÁDIA

Etimologia: procede do eslavo, Nadiejda, que quer dizer "*esperança*".

Santos: Santa Nádia foi martirizada em Roma sob o imperador Adriano.

Características: com frequência brincalhona.

Muda de humor a miúdo, sem que se saiba a razão. Caprichosa.

NAPOLEÃO

Etimologia: do grego, neopolis, "*cidade nova*".

Celebridade: Napoleão Bonaparte.

NARCISO

Etimologia: do grego: "*intumescimento, flexibilidade*", como a flor do mesmo nome.

Características: são hábeis, tenazes e bastante inteligentes.

Não se apegam ao dinheiro e são bastante generosos.

Santos: São Narciso, bispo de Jerusalém.

Celebridades: Narciso Personagem legendário, célebre pela sua beleza. Narciso, liberto do imperador Cláudio.

NATACHA

Etimologia: do eslavo, derivado de Natália.

NATÁLIA

Etimologia: do latim: que se refere ao *"nascimento".*

Características: são encantadoras, agrada-lhes a aventura e não temem os riscos da vida.

Santas: Santa Natália, esposa de Santo Aurélio e com ele martirizada em 852.

Santa Natália, esposa de Santo André, mártir.

NATIVIDADE

Etimologia: do latim, nativitas, alusivo à *"Natividade da Virgem Maria".*

NAZÁRIO

Celebridade: mártir em Milão, no século I.

NEMÉSIO

Etimologia: do latim: Nemesius, «*justiceiro*».

Celebridade: Nêmeses, deusa grega da justiça e da vingança.

NERINA

Nome dado por Virgílio a uma nereida, por analogia com o do seu pai, Nereu. «*Nadar*».

NESTOR

Etimologia: origem grega incerta: na mitologia grega, Nestor aparecia como o mais velho e o mais sábio dos chefes gregos.

Características: são dotados de senso comum, de uma grande inteligência e de amor pelo próximo.

Santo: São Nestor, bispo de Perge, mártir no século III.

NICANOR

Etimologia: do grego Nike-Amer, «*homem vitorioso*».
Nome popular nos primeiros séculos do cristianismo.

NICASIO

Do grego, "*vencedor*".

Santo: São Nicásio, fundador e primeiro bispo da diocese de Ruão, mártir.

NICOLAU

Em francês: Nicolas
Em inglês: Nicholas.
Em alemão: Nikolaus.

Etimologia: do grego: "*vencedor dos povos*".

Características: são sensíveis, de natureza um pouco apática; ressentem-se com facilidade, mas sentem ódio. É fácil viver com eles, pois são importantes e têm grandes qualidades. São dados com frequência à melancolia e às fantasias. No amor são muito sensíveis e parece que temem o abandono da sua amada.

Santos: São Nicolau, bispo de Miro, na Lícia, no século IV. Padroeiro da juventude, dos farmacêuticos, dos açougueiros, dos merceeiros, dos trapeiros, dos barqueiros, dos tanoeiros, dos vinhateiros, dos marinheiros dos produtores de grãos, dos notários e dos advogados. Patrono da Rússia.

Celebridades: cinco papas, vários príncipes de famílias reais, sobretudo na Rússia. Nicolau Pisano, ourives que esculpiu as lousas da pia batismal de Pisa.
Nicolau Bolteau, autor satírico do século XVII.
Nicolau Copérnico, astrônomo polonês.
Nicolau Boileau, escritor francês.
Nikolai V. Gogol, escritor russo.

Obra: Nicolas Nickleby, de Charles Dickens.

NICOMEDES

Etimologia: do grego: "*o que se encarrega da vitória*".

Santo: São Nicomedes, mártir em Roma no século I.

Celebridades: nome de três reis da Bitínia.

Obra: Nicomedes, tragédia de P. Corneille (1651).

NÍDIA

Etimologia: provavelmente do latim, Nitidus, «*radiante, luminosa*».

Obra: Personalidade criada por Bulwer Lytton Ohara sua obra: "Os últimos dias de Pompéia".

NEVES

Invocação mariana à Virgem das Neves, em Roma, mais conhecida geralmente por Santa Maria a Maior.

Características: pureza.

Cor: branca.

NOÉ

Etimologia: do hebraico, significa "*descanso*".

Celebridades: Noé, descendente de Seth. Os homens haviam chegado a ser tão maus que Deus decidiu elimina-los mediante um dilúvio. Só Noé havia permanecido justo. Deus permitiu-lhe construir uma nave em que embarcou os seus e um par de cada espécie animal. Quando as águas desceram, Noé aportou no Monte Ararat. Muitos anos depois plantou uma vinha e embriagou-se. Embriaguez permissível após tantos sofrimentos. É o patrono dos armadores e dos vinicultores.

Características: possui uma inteligência muito viva e clara, capaz de sínteses extraordinárias. Às vezes se mostra autoritário. Foi feito para o êxito.

NOEMI

Etimologia: do grego: "*que pensa bem, sábia*". Ou do hebraico: "*a beleza*".

NORBERTO

Etimologia: do alto alemão, "*brilho do norte, estrela do norte*".

Características são sérios e muito aplicados no seu trabalho. São lógicos, metódicos e constantes. Bons trabalhadores e não temem as dificuldades. No amor, são muito fiéis e são pais de família dedicados.

NORMA

Etimologia: do celta, Norma, heroína gaulesa, filha de um druida, apresentada em cena na ópera italiana de Bellini, em 1831.

Celebridades: Norma Shearer, bailarina americana.

Obra: Norma, ópera de Bellini (1831).

NUNO

Etimologia: derivação medieval do nome latino Nonnius, «*monge*» ou Nonius, «*veneno*», aplicado ao filho em nono lugar. Pode possuir certa influência do nome basco Nuño, «*colina*».

NÚRIA

Invocação mariana aplicada à Virgem deste santuário catalão.

Etimologia: Núria «*lugar entre colinas*», ou do árabe Nurya, «*luminosa*».

OBDULA

Etimologia: adaptação ao latim do nome árabe Abdula, «*servidor de Deus*».
Às vezes é utilizado impropriamente como sinônimo de Odila.

OBERON

Derivado de Alberico.
Celebridades: rei das fadas e dos gênios do ar.
Obra: Personalidade de "O Sonho de uma noite de verão", de Shakespeare.

OTÁVIA

Etimologia: a mesma de Otávio.
Celebridades: Otávia, mulher de Nero.
Otávia, irmã do imperador Augusto.

OTÁVIO

Etimologia: do latim, formado do romano, "*o oitavo*".
Características: são inteligentes, de uma vontade sólida, mas bastante influenciáveis. Agrada-lhes a vida mundana e as saídas, não obstante são sensíveis aos pedidos do amor.
Santos: São Otávio, mártir em Turim no século III.
Celebridade: Otávio Feuillet, acadêmico francês.

OFÉLIA

Etimologia: do grego, Ophéleia, «*utilidade, ajuda*»,

*Obra*s: Personalidade da Arcádia de Jacó Sannazaro de Hamlet de Shakespeare.

OLAVO

Nome muito popular entre os vikings.

Etimologia: do norueguês ano-leifr, «*legado dos antepassados*».

Celebridades: Santo Olavo II, rei norueguês que convertido, introduziu o cristianismo no seu país.

OLEGÁRIO

Etimologia: do germânico: Helic, «*saudável*» e Gair «*lança*». Também de Ald-gard, «*povo ilustre*».

Santo: São Olegário, primeiro bispo de Tarragona, nos século XI-XII.

OLGA

Etimologia: do eslavo, derivado do nome escandinavo Helga, nome russo.

Santa: Santa Olga, princesa russa do século X, esposa do príncipe Igor de Kiev.

OLÍMPIA

Etimologia: do grego Olympius, «*de Olímpia*», lugar onde se celebraram jogos, por este motivo, chamados olímpicos. Ou da raiz lamp, «*brilhar*». Também pode proceder de Olimpo, monte da Tessália, onde se supunha residirem os deuses.

OLIVÉRIO ou OLIVEIRO

Em francês: Olivier.

Em inglês: Olivier.

Em alemão: Oliver.

Etimologia: do latim, *"a árvore"*, *"a oliveira"*.

Características: os mesmos que para Olívia.

Santo: Santo Olivério, religioso de Santa Cruz, em Ancona, séculoXIII.

Celebridades: Olivério de Malmesbury, beneditino que inventou uma máquina de voar.

Olívio Cromwell, protetor da república da Inglaterra, da Escócia e da Irlanda. *Obras*:

Oliver Twist, de Charles Dickens.

Olívio, herói da Chanson de Roland.

OLÍVIA ou OLÍVIO

Etimologia: do latim, *"fruto da oliveira"*.

Características: São muito vivas, bem equilibradas, de natureza agradável e afetuosa. Astutas, flexíveis e hábeis. Os homens são doces, de aspecto atraente, de bons modos. Corrigindo-se da sua tendência à paquera, podem converter-se em grandes namorados de uma só pessoa. As mulheres são pouco fiéis, agrada-lhes namorar, são sensíveis, pelo que diz respeito à conduta do ser amado.

Santa: Santa Olívia, virgem honrada em Chaumont.

Celebridades: Olívia de Havilland, estrela do cinema americano.

ONÉSIMO

Etimologia: do grego, *"bem feitor"*.

Santo: Santo Onésimo, bispo de Éfeso, escravo de Colosso, convertido por São Paulo, mártir em Roma, por volta de 109.

Letra O | 165

ONFÁLIA

Etimologia: do grego, "onphale" e "onphalós", «*umbigo*». «*Mulher com um belo umbigo*».

ONOFRE

Etimologia, do egípcio "Unnofre", «*aquele que abre o bem*». Pode ter influências germânicas, Unnfrid, «*o que dá a paz*».

OSCAR

Etimologia: do escandinavo, "*Lança de Deus*".

Celebridades: vários reis da Suécia.

Oscar Wilde, escritor inglês.

Oscar Vladislas Milosz, escritor francês de origem lituana.

O «Oscar» é uma cel. estatueta dada como troféu em Hollywood, aos melhores atores do ano.

Oscar Niemayer arquiteto famoso que planejou Brasília a capital do Brasil.

OSÉIAS

Etimologia: do hebraico, "*salvador*".

Celebridades, profeta da Judéia.

OSWALDO

Em francês: inglês e alemão: Oswald.

Em italiano: Osvaldo.

Etimologia: do germânico Ost-Wald, «*povo brilhante*».

OTELO

Em inglês: Othello.

Em italiano: Otello.

Obra: Otelo, de Shakespeare.

OTO

Nome alemão.

Etimologia: do germânico através do latim: *"rico"*.

Santo. Santo Oto (1050-1139), bispo de Bambourg.

Celebridades: vários príncipes alemães tiveram este nome.

OVÍDIO

Etimologia: do latim, formado sobre o romano.

PAULO

Em francês: inglês e alemão: Paul.

Em italiano: Paolo.

Etimologia: do grego, através do latim, "*aquele que descansa*".

Características: coléricos e independentes sabem para onde vão e quando decidem algo, nenhuma consideração os faz retroceder.

São inteligentes e dotados de um grande sentido prático, agrada-lhes a exatidão e a precisão.

Têm um caráter que nunca é trivial. Não lhes agradam as mentiras e são muito francos. Amam saudável e solidamente e são sensuais.

Santos: São Paulo, chamado o Apóstolo dos Gentios, mártir em Roma, no século I.

São Paulo, primeiro ermitão. Padroeiro dos cesteiros.

São Paulo de Tessalônica, patriarca de Constantinopla, mártir em 350.

São Paulo I (700-767) papa.

São Paulo da Cruz (1694-1775), fundador da ordem dos passionistas.

Celebridades: Paulo Picasso: o mais conhecido pintor contemporâneo. Vários papas. Paulo I, czar, assassinado pelos oficiais da corte.

Paulo Geraldy, poeta francês.

Paulo Coelho, escritor brasileiro.

Paulo Hindemith, compositor contemporâneo.

Paulo Cézanne, pintor impressionista francês.

Obra: Paulo e Virgínia, de Bernardin de Saint-Pierre.

PALMIRA

Etimologia: derivado de palma, alusivo ao *"Domingo de Ramos"* em lembrança das palmas que os habitantes de Jerusalém agitavam para dar as boas-vindas a Jesus. Não há nada a ver com Palmira, cidade fortificada por Salomão, no deserto árabe-sírio.

PALOMA

Etimologia: do latim, *"pomba"*.

Santa: Santa Paloma, virgem do século III, martirizada em Sens.

Obra: Colomba, heroína corsa de Merimée.

PAMELA

Etimologia: nome em moda nos séculos XVIII e XIX, pelo romance inglês de Richardson (1740).

PANCRÁCIO

Etimologia: do grego, *"o que supera tudo"*.

Santo: São Pancrácio, sobrinho de São Dionísio, mártir.
Pandora. Nome mitológico.

Celebridades: pandora, mulher que imprudentemente abriu a caixa que continha «todos os males» dos deuses; todos escaparam, exceto a Esperança.

PAOLA

Etimologia: derivado de Paula.

Características: são pessoas de grande emotividade que perdem frequentemente seu sangue frio. Consideram-se mulheres muito inteligentes e seguras disto, mas que nem sempre são como se imaginam. São pessoas que precisam do triunfo para continuar vivendo. Ainda que dotadas de uma boa vitalidade, contudo, fatigam-se rapidamente.

Letra O | 169

PASCOAL

Etimologia: do latim, relativo à festa de Páscoa.

Santos: São Pascoal, nasceu em Torre Formosa, Aragão, em 1540. Pastor de profissão viveu totalmente entregue a Deus, humilde e piedoso. Tornou-se franciscano e consagrou-se às necessidades do mosteiro. Muito bondoso com os demais e extremamente duro consigo mesmo. Morreu em 1592.

Santo: São pascoal I, papa.

Características: agrada-lhes a beleza e os prazeres. Seu defeito é a inveja. Guarda os segredos.

PATRÍCIO (A)

Em francês: Patrice.

Em inglês: Patrick.

Em alemão: Patricius.

Etimologia: do latim, Patrício, "*de berço nobre*".

Características: de inteligência desperta e sutil, pertencem à elite social e intelectual. São amáveis, reservados de natureza brincalhona, apenas buscam companhia. Casam-se bastante tarde e fazem matrimônios felizes.

Santos: São Patrício (377-460), nascido na Escócia, conforme alguns, em Pont-Aven, Bretanha, sobrinho-neto de São Martim de Tours. Patrono da Irlanda e da Nigéria.

Celebridades: mártir em Nicomédia.

PATROCÍNIO

Etimologia: do latim, Patrocinium, patrocínio, amparo, ou de palavras: "*padre, protetor, amparo*". Nome que deriva das festas religiosas do Patrocínio de Nossa Senhora e de São José.

PAULA

Feminino de Paulo.

Santa: Santa Paula (347-404), senhora romana viúva, fundou três mosteiros em Belém.

PAULINA

Etimologia: a mesma que para Paulino e Paulo.

Santas: Santa Paulina, martirizada em Roma no século III. Santa Paulina, mártir, filha de um carcereiro.

Celebridades: Paulina Bonaparte.

PAULINO

Etimologia: a mesma que para Paulo.

Santos: São Paulino de Nole (353-431). Originário de Bordéus, bispo de Nole.

PAZ

Etimologia: do latim "*Pax*" "*paz*".

Santa: Nossa Senhora da Paz.

PEDRO

Em francês: Pierre.

Em inglês: Peter.

Em alemão: Peter e Petrus.

Em italiano: Pietro.

Etimologia: tradução latina da palavra armênia, Képha, "*rocha*".

Características: São disciplinados, realistas, valentes, organizadores e realizadores. Têm um espírito metódico, responsável, às vezes um pouco minucioso e suscetível, têm gostos e temperamento de artista. Trabalhadores pertinazes de uma inteligência sólida, lógica, assimilam bem ideias a fundo. São de natureza reservada, não exteriorizam

Letra O | 171

facilmente seus sentimentos. Leais a ponto de sacrificarem-se pelos amigos. No amor não gostam de ser enganados e sentem-se atraídos pelas pessoas que são superiores a eles.

Santos: São Pedro, chefe dos doze apóstolos e primeiro chefe da Igreja. Padroeiro dos entalhadores de pedra, dos trabalhadores da construção civil e do gesso, dos pescadores.

São Pedro de Alexandria, bispo e mártir no ano de 31.

São Pedro Crisólogo, bispo de Rávena e doutor no século IV.

São Pedro Damião, cardeal e bispo de Óstia.

São Pedro Nolasco, fundador da ordem das Mercês.

São Pedro Celestino (1229-1296), papa, fundador da ordem dos Celestinos.

São Pedro Fourrier (1565-1640), apóstolo da Alsácia-Lorena, dos Voges e da Borgonha.

São Pedro de Alcântara, (1499-1562) franciscano.

Celebridades: três imperadores de Roma, cinco reis de Portugal, vários reis de Aragão e de Castela.

Dom Pedro I imperador do Brasil.

Pedro I, o Grande, czar da Rússia.

Pierre Corneille, poeta e dramaturgo francês.

Pedro, o Ermitão, chefe da Primeira Cruzada.

Pierre Loti, escritor francês.

Pierre de Ronsard, poeta francês do Renascimento.

Pierre Curie, sábio francês.

Obra: Petit Pierre, de Anatole France. Pierre et Jean, de Guy de Maupassant.

PELÁGIO

Em francês: Pelage.

Em inglês: Pelagius.

Em alemão: Pelagius.

Em italiano. Pelágio.

Etimologia: do latim, "*Pelagius*" e do grego, Pelágios, "*marinho, homem do mar*".

PELAIO

Nome muito usado na Idade Média.

Celebridades: Pelágio (Pelaio), vencedor da primeira batalha contra os árabes, em Covadonga, no ano de 718.

PENÉLOPE

Etimologia: do grego.

Características: de inteligência refinada, que se adapta facilmente, são muito influenciáveis. Por serem muito imaginativas, rejeitam a realidade. Têm um caráter muito flexível, muito abnegado, agrada-lhes ver ao seu redor amigos e fisionomias sorridentes. Possuem uma intuição notável e sua sociabilidade é fantástica.

PEREGRINO

Etimologia: do latim, por "per ager" «*que vai pelo campo*».
Evoca as peregrinações medievais.

PERPÉTUA

No masculino Perpétuo.

Etimologia: do latim, perpétua, "*que dura sempre*".

Santos: Santa Perpétua. Mulher de um patrício romano, martirizada em Cartago, no ano de 212. São Perpétuo, bispo de Tours, no século V.

PETRONILA

Etimologia, do latim, "*pedregulho*".

Santa. Santa Petronília, virgem de nobre família romana, martirizada no século I.

PETRÔNIO

Celebridades: bispo de Verona.

PIEDADE

Etimologia: do latim, "Pietas", «*sentido do dever*», invocação dirigida aos deuses. Nome alusivo aos atributos da Virgem.

PILAR

Etimologia: do latim, "Pila". Nome muito conhecido alusivo à Virgem Maria que conforme a tradição apareceu ao apóstolo Santiago, nas margens do rio Ebro, sobre um pilar.

PIO

Etimologia: do latim, "*piedoso*".

Santos: Santo Pio I papa martirizado em Roma, no século II.
São Pio V, papa (1504-1572).

Celebridades: doze papas.

PLÁCIDO

Etimologia: do latim. Placidez, "*tranquilo, de caráter suave*".

Características: são caprichosos, trapaceiros, ardorosos e têm um caráter muito difícil.

Santos: São Plácido, monge beneditino massacrado com seus religiosos pelos bárbaros no século VI, em Messina, Sicília.

PLÍNIO

Etimologia: do latim Plenus, «*cheio, gordo*», ou provavelmente do grego Plinthos, «*ladrilho, lousa*».

Celebridades: dois escritores latinos.

POLICARPO

Etimologia: do grego, "*abundante em frutos*".

Santo: São Policarpo, bispo de Esmirna e mártir.

POLIXENA

Nome mitológico.

Etimologia: do grego, Polixenos «*hospitaleiro*».

Celebridades: filha de Príamo e esposa de Aquiles.

POMPEIO

Etimologia: do latim, Pompeius, «*pomposo, faustoso*».

No feminino, invocação mariana.

Celebridades: rival de Júlio César e por este vencido na Farsália.

PÔNCIO

Etimologia: do latim, Pontus, «*mar*» ou mais provavelmente do numeral Osco, Pontis, análogo ao latim Quinque, «*cinco*». «*Quinto*».

Celebridade: Pôncio Pilatos, juiz que condenou Jesus.

PORFIRIO

Etimologia: do grego, Porphyrion, «*com cor de pórfiro*», ou seja, «*de púrpura, purpurado*».

Utiliza-se geralmente para referir-se ao rosto dos recém-nascidos após um parto difícil.

Celebridades: filósofo neo-platônico do século III.

PRESENTA

Etimologia: do latim, Praesens, «*presente*».

Nome mariano que evoca a festa da Apresentação da Virgem Maria no Templo.

Letra P | 175

PRIMITIVO

Etimologia: do latim, Primitivus, «*que está em primeiro lugar*».

PRISCILA

Etimologia: do latim.

Celebridades: hospedeira de São Paulo, na Ásia Menor, no século I.

PROCÓPIO

Etimologia: do grego Prokopé, «*o que anda adiante, que progride*».

PRÓSPERO

Etimologia: do latim, "*quem em tudo triunfa*".

Características: levam a vida num bom sentido; são bastante reservados e distantes. Diante da adversidade, resignam-se em vez de refazer-se. Têm grande inclinação pela vida fácil e pelos prazeres.

Santo: São Próspero da Aquitânia, doutor da Igreja no séc. V.

Celebridades: Prosper Mérimée, escritor francês.

Prosper Crébillon, dramaturgo francês.

PRUDÊNCIO

Etimologia: do latim, "*circunspecto*".

Santos: São Prudêncio (795-861), bispo de Troyes. São Prudêncio, bispo da Terragona no século VI.

PURA

Etimologia: do latim "Puras", «*puro, sem mácula, casto*».

Sinônimo de pureza, purificação ou concepção.

Atributo mariano.

PURIFICAÇÃO

Etimologia: do latim, "Purificatio", *«tornar puro, purificar»*.
Nome alusivo à purificação da Virgem Maria, cuja festa é celebrada
quarenta dias depois da Natividade do Senhor.

QUINTINO

Em francês: Quentin.
Em alemão: Quitin.
Em inglês: Quitin.
Em italiano: Quintino.
Etimologia: do latim: Quintus, *"quinto"*.
Características: humildes e de natureza bastante fechada não são dos que se apropriam de todas as honras do êxito que se lhes oferece.
Santo: São Quintino, martirizado em Augusta Veromandorum, no séc. III.
Celebridades: Quentin, chefe dos hereges chamados libertinos, no séc. XVI.
Quentin Metzys, pintor holandês.
Obra: Quentin Dureward, de W.Scott. Quírico. De Ciríaco.

QUIRINO

Etimologia: Nome mitológico.
Celebridades: Sobrenome dado a Rômulo após sua morte, em alusão à lança com que era representado nas estátuas. Sobrenome de Marte e de Júpiter.

QUITÉRIA

Características: Este é o nome feminino ativo e combativo por excelência. Têm uma vontade de ferro e são armadas de uma irresistível confiança em si mesmas. São muito ativas e querem que tudo que está ao seu redor participe da luta. Não é fácil seu convívio, são orgulhosas e sua amizade, às vezes, é tirânica.

Santa: Santa Quitéria, decapitada e sepultada próximo de Aire-sur--l'Adour.

RADAMÉS

Etimologia: nome egípcio, inspirado na raiz *Ra*, *"deus egípcio"* e o sufixo *"mês"*, *"filho"*.

Obra: Personalidades de Aída de Verdi.

RAFAEL

Etimologia: do hebraico, *"Deus o curou"*.

Características: são cerebrais, agrada-lhes todo o imaterial e o abstrato. Modestos, sensíveis, fiéis e desagrada-lhes exteriorizar-se.

Santo: São Rafael, arcanjo, um dos anjos de que fala a Bíblia. Padroeiro dos mutilados de guerra.

Celebridades: Rafael Collin, pintor.
Rafael Sanzio, célebre pintor italiano.

Obra: Raphael, de Lamartine.

RAFAELA

Fem. de Rafael.

Celebridades: Rafaela Carra, cantora italiana.

RAIMUNDO / RAMON

Em francês: Raymond.
Em inglês: Raymond.
Em alemão: Raimund.

Etimologia: do saxão: "*o que aconselha*".

Características: são trabalhadores incansáveis com uma natureza tenaz.

Pelo seu trabalho metódico, são superiores aos demais.

Têm força de vontade e sua firmeza leva-os direto ao objetivo. Leais e encantadores, são amigos seguros, capazes de sacrificar-se.

Seu defeito é uma confiança demasiado grande em si mesmo.

Santos: São Raimundo de Peñafort (1175-1275), dominicano espanhol, teólogo e canônico, arcebispo de Tarragona. Padroeiro dos juristas.

São Raimundo Nonato, religioso espanhol da ordem das Mercês.

Celebridades: vários condes de Tolosa.

Raymond Loewy, escritor.

Raymond Poncarré, estadista francês.

Ray Milland, ator de cinema americano.

RANIERO

Etimologia: do germânico: "*conselheiro*".

Celebridades: Raniero era um músico que tangia a lira. Tornou-se ermitão na Palestina e praticou vários milagres, muitos deles na cidade de Pisa. Morreu em 1160. Vários príncipes de Mônaco.

Características: este nome gera confiança. Tranquilidade. É bastante poderoso. Sabe dar confiança ao seu interlocutor. Muito trabalhador.

RAQUEL

Etimologia: do hebraico, "*ovelha*".

Características: pessimistas e dadas à melancolia. Apaixonadas pelo amor, o luxo a riqueza e por tudo o que é belo; escolhem durante muito tempo seu companheiro para a vida.

Celebridades: Raquel, conforme a Bíblia foi a segunda filha de Labão e uma das esposas do patriarca Jacó.

RAUL

Em francês: Raoul.

Em inglês: Ralph.

Em alemão: Rodolf.

Etimologia: do saxão, *"assistente do conselho"*.

Características: são bons conselheiros, têm um espírito claro e expressam-se com facilidade. Não obstante, não têm ambição e não lhes agrada o trabalho que exige grande esforço. São sentimentais e de fácil trato.

Santos: São Raul, de origem muito nobre, arcebispo de Bourges no se IX.

São Raul, monge de Saint-Jouin- des- Marnes, no século XII.

Celebridades: Raul, rei da França, no séc X.

Raul Duly, pintor francês contemporâneo.

Raul de Navery, escritor.

REBECA

Etimologia, do hebraico, *"obesa"*.

Celebridades: Rebeca, mulher de Isaac, mão de Esaú e de Jacó, segundo a Bíblia.

RECAREDO

Etimologia, do germânico *"Recaredus"*, derivado de wirkan *"perseguir, vingar»* e *"rad"* «conselho».

Celebridades: rei visigodo introdutor do cristianismo.

REGINA

Forma latina de Reina.

Em francês: Reine Régine.

Em inglês, alemão e italiano: Regina.

Características: são de caráter independente, de natureza alegre e enamorada, de inteligência média. Dão provas de gentileza e de modéstia. Tímidas e demasiado reservadas, às vezes carecem de confiança em si mesmas. Sua inteligência estimula-as a sempre conhecer mais, tentando penetrar as trevas da ciência que desejam entesourar. No amor, são afetuosas, doces, carinhosas e fiéis. Às vezes, passam perto da felicidade por não saberem declarar seu amor ao ser amado, devido a sua timidez.

Santa: Santa Regina, virgem no séc. III, martirizada no monte Auxois, perto de Alise.

REINALDO

Em francês: Renaud.

Em inglês: Reynold.

Em alemão: Reinhard.

Em italiano: Rinaldo.

Etimologia: do alto alemão, *"aquele cuja inteligência governa"*.

Características: por vezes devem tornar-se violentos para triunfar na vida. De natureza muito tenaz, põem muito empenho para o êxito da sua empresa e não temem dedicar-lhe grandes esforços.

Santo: São Reinaldo, bispo de Norera, Itália, no século VIII.

Celebridades: Reinaldo Habn, compositor francês.

REMÉDIOS

Etimologia: do latim, *"Remedium,«Medicina, remédio»*.

Utilizado como nome masculino, confunde-se com Remígio.

Santa: Nossa Senhora dos Remédios.

REMÍGIO

Em francês: Remi,Rémy.

Em alemão: Remigius.

Em italiano: Remigio.

Etimologia: do latim, *"remador, navegante"*.

Características: são de caráter sociável e um pouco fantasioso, de fina inteligência e de vontade flexível. Não lhes agrada a violência e dão testemunho de uma amizade duradoura, abnegada e leal. Têm um coração delicado, são carinhosos e sinceros. No amor, não lhes agrada serem enganados e não enganam os demais.

Santo: São Remígio, bispo de Reins, apóstolo da França, fundador da sede episcopal de Thérouanne, que batizou Clodoveu no séc. V.

Celebridades: Remi Boileau, um dos poetas da Plêiade.

RESTITUTO

Etimologia, do latim, *"Restitutos"*, «restituído».
Nome cristão romano aplicado especialmente aos convertidos.

REIS

Etimologia: do latim *"Rex"*. (Ver Regina). Alusivo às festividades dos Reis Magos.

RENATO

Em francês: René.
Em inglês: Renatus.
Em alemão: Renatus.
Em italiano: Renato.

Características: são tranquilos, leais, metódicos, de personalidade perseverantes e de vez em quando um pouco frios. Não lhes falta originalidade, fantasia e certo sentido de invenção. São amáveis, corteses, discretos, reservados, carinhosos e sinceros.

Santo: São Renato, bispo de Angers e padroeiro desta cidade.

RICARDO

Em francês: Richard.

Em inglês: Richard.

Em alemão: Reichard.

Em italiano: Riccardo.

Etimologia: do alto alemão, *"chefe ousado, poderoso"*.

Características: Têm uma inteligência refinada, são de natureza assentada e reflexiva. Seu espírito de observação permite-lhes descobrirem os pequenos defeitos da humanidade.

Santo: São Ricardo, bispo de Chichester, Inglaterra, no séc. XIII.

Celebridades: Richard Strauss, regente e compositor alemão.

Richard Wallace, filantropo inglês.

Richard Nixon, estadista americano.

Richard Burton, ator do cinema americano.

RIGOBERTO

Etimologia: do germânico Ric-Berht,*«famoso pela riqueza»*.

RITA

Diminutivo de Margarita.

Celebridades: Rita Hayworth, estrela do cinema americano.

Religiosa de Casso, no século XV. É invocada para as causas desesperadas e para ter filhos.

ROBERTO

Em francês: Robert.

Em inglês: Robert.

Em alemão: Ruprecht.

Etimologia: do alto alemão, *"conselheiro brilhante"*.

Características: são hábeis e excelentes em tudo que empreendem. São muito positivos, realistas, de natureza vibrante sob uma fria aparência, com tendências à novidade. Corajosos e têm facilidade para aceitar todas as tarefas difíceis. No amor, sua companhia é muito procurada e sabem fazer-se querer facilmente.

Santos: São Roberto de Molesmes, primeiro fundador da ordem de Cister, no século XI. Padroeiro dos professores.

São Roberto Belarmino (1542-1621), teólogo, jesuíta, cardeal, acérrimo adversário do protestantismo.

São Roberto, fundador da abadia de Chaise-Dieu no século XI.

Celebridades: dois reis da França. Três reis da Escócia, vários condes de Artois, de Flandes, de Borgonha e de Anjou.

Roberto, o Diabo, pai de Guilherme, o Conquistador.

Roberto Guiscard, fundador do Reino de Nápoles.

Roberto Benzi, célebre regente.

Roberto Oppenheimer, físico americano.

Roberto Koch, médico e microbiologista alemão.

ROCIO

Etimologia: do latim, "*Ros de onde Roscidus*", coberto de rocio.

Alusivo à virgem do Rocio.

RODOLFO

Em francês: Rudolf ou Rudolph.

Em inglês: Ralph, Rudolf.

Em alemão: Rudolf.

Etimologia: forma latinizada de Raul. Do germânico, "*ajuda da palavra*".

Características: são aventureiros aos quais agrada movimento e inclusive o risco. Não se interessam pelas coisas pequenas, são obstinados e aceitam muito pouco os conselhos. Seu caráter cavalheiresco, dominador e realista, permite-lhes serem organizadores de primeira ordem.

Santo: São Rodolfo, confessor e mártir no século XIII.

Celebridades: nome de vários soberanos e príncipes germânicos.

Rodolfo Kreutzer, músico francês.

RODRIGO

Em francês: Rodrigue.

Em alemão: Roderich.

Etimologia: do alto alemão: "*muito glorioso*".

Santos. São Rodrigo, cura e mártir em Córdoba, no século IX.

São Alfonso Rodriguez, jesuíta espanhol.

Celebridades: nome de vários reis da Espanha.

ROGÉRIO

Em francês: Roger.

Em inglês: Roger.

Etimologia: do alto alemão, "*lança gloriosa*".

Características: são realistas de natureza vingativa, põem-se rapidamente na defensiva. Tranquilos e tenazes, não obstante, não dispostos a ceder nos seus direitos. São amigos fiéis e grandes enamorados.

Santos: São Rogério, bispo e trono de Cannes, no séc. X.

São Rogério, o Forte, (1300-1368), jurista limusino, bispo de Orléans, a seguir, de Limoges e finalmente arcebispo de Bourges.

Celebridades: Roger de Tancrède, conquistador normando da Sicília.

ROLDÃO

Etimologia: do germânico Hrod-Land, «*terra gloriosa*».

Assimilado posteriormente a Orlando, que na realidade é diferente.

Celebridades: paladino medieval da corte de Carlos Magno, no século IX, morto ao cruzar Rocesvalles.

ROMÃO

Etimologia: do latim, "*cidadão de Roma*".

Santos: existem pelo menos cinco santos com este nome, entre os quais o mais venerado é São Romão (600-644) bispo de Rouen.

Celebridades: Romain Rolland, escritor francês.

Obra: Romain Kalbris, de Hector Malot.

ROMEU

Etimologia: do germânico.

Obra: Romeu e Julieta, drama em cinco atos, de Shakespeare.

ROMUALDO

Santo: São Romualdo, abade fundador da congregação dos Camaldulenses.

RÔMULO

Etimologia: do grego, através do latim.

Celebridades: mártir em Cesárea, Palestina, no século IV.

ROQUE

Etimologia: do alemão, *"grito de guerra"*; concorre com o latino "rocha".

ROSA

Em francês: Rose, Rosa.

Em inglês: Rose.

Em alemão: Rosa.

Em italiano: Rosa.

Etimologia: do latim, *"a rosa"*.

Características: de natureza tranquila, calma, tenaz, paciente, sabem o que querem na vida.

São muito sinceras e sua natureza correta e séria não lhes permite sempre ocultar a verdade. Às vezes são um pouco caprichosas e tirânicas, mas isso não as impede de ter muitos amigos. São sensíveis às solicitações do amor e não o admitem sem que se apresente com garantia de longa duração.

Santa: Santa Rosa de Santa Maria de Lima (1586-1617).

ROSÁLIA

Etimologia: do latim, "*rosaleda*".

Santa: Santa Rosália, virgem de Palermo no século XII, patrona desta cidade.

ROSAMUNDA

Etimologia: do latim germanizado, "*rosa protetora*".

Características: os mesmos de Rosa.

Celebridades: rainha da Lombardia, com destino trágico, séc. VI. Rosamond Clifford ou a Bela Rosamunda, favorita de Henrique II, rei da Inglaterra.

ROSÁRIO

Etimologia: do latim, "*Rosaritun*", «*rosal, jardim de rosas*».
Evoca a devoção mariana do Rosário.

ROSAURA

Etimologia: do germânico *Hrod-Wald*, «*governante glorioso*»; posteriormente identificado com o latim rosa áurea, «rosa de ouro».

ROSENDO

Etimologia: do germânico: "*Hirod-Sinths*" «*que vai em direção à fama*».

ROXANA

Etimologia: do persa "*Roakshana*", «*brilhante*»".
Foi identificado à Rosana, ainda que seja diferente.

Celebridades: Roxana, mulher de Alexandre Magno.

RUBENS

Celebridades: Rubens, patriarca bíblico, cuja mãe exclamou: «*Deus viu minha aflição*» (*Rad beonyi*).

RUFINO

Etimologia: do latim.

Características: dotados de energia e de vontade, são muito hábeis para dirigir seus negócios. Sua inteligência é sólida e sua memória, excepcional. Têm uma sociabilidade média e geralmente não são exaltados.

Santo: São Rufino.

RUTE / RUTH

Etimologia: do hebraico: Ruth, «*amizade, companhia*», ainda que mais provavelmente sua origem se encontre em Ruth «*beleza*».

Celebridades: bisavó de Davi.

SABÍNO (A)

Etimologia: do latim, "*do país dos Sabinos*".

Sabino, no masculino, quase nunca se dá como nome. A mesma raiz latina, Sabinus, deu Sabina e Sabino, nomes encontrados antigamente entre vários santos da França.

Santos: Santa Sabina, viúva de alta linhagem, convertida por sua doméstica, separia e com ela martirizada em 126.
Santa Sabina, virgem, venerada em Troyes.
São Sabino, bispo de Espoleto.
São Sabino, venerado no Poitou.
São Sabino de Lavendan, do país de Bigorre.
São Sabiniano, primeiro bispo de Sens e mártir.

SALOMÉ

Etimologia: do hebraico: "*pacífica*".

Santa: Santa Salomé, uma das sete mulheres do Evangelho, prima da Virgem Maria.

Celebridades: sobrinha de Herodes, Salomé, a bailarina que pediu a cabeça de São João Batista numa bandeja.

SALOMÃO

Etimologia: a mesma que para Salomé.

Letra S | 191

Características: a principal qualidade das pessoas que trazem este nome é a sabedoria. São justos, imparciais e dotados. No amor sabem entregar-se com fidelidade.

Santo: São Salomão, mártir do século IX.

Celebridades: Salomão, o mais importante dos reis hebraicos, construiu o templo de Jerusalém.

SALUSTIANO

Etimologia: do latim, "Salustius ou Sallustius", «são, saudável».

SALVADOR

Etimologia: do latim, "Salvador".

Celebridades: bispo de Bellune.

Salvador Dali, pintor.

SÍLVIO

Etimologia: do latim "Salvus", «salvado», aplicado especialmente aos nascidos num parto difícil.

SAMUEL

Etimologia: do hebraico: "dado por Deus".

Características: muito refinados, muito espertos, nem sempre resistem à tentação de enganar o próximo.

São muito hábeis.

Celebridades: Mártir em Cesárea, Palestina, no século IV.

O profeta Samuel, último dos juízes israelitas.

Samuel Morse, inventor do telégrafo.

Sir Samuel Argail, comandante da primeira expedição inglesa para disputar a colônia francesa de Acádia.

SANCHO

Nome espanhol de origem latina, *"Santo"*.

Celebridades: Sancho Panza, companheiro de Dom Quixote de La Mancha, obra de Cervantes.

SANSÃO

Etimologia: do hebraico, *"Sol"*.

Características: são homens inteligentes e fortes. Agrada-lhes a natureza e as belas artes. É o protótipo do verdadeiro desportista.

Santo: São Sansão. Bispo de Dol, na Bretanha, no século VI.

Celebridades: Sansão, Personalidade bíblico.

Obra: Sansão e Dalila, ópera de Saint-Saëns.

SANDRA

Nome italiano, diminutivo de Alessandra.

SANTIAGO

Ver Jaime.

SANTOS

Nome evocado da festividade de Todos os Santos.

SARA

Etimologia: do hebraico, *"princesa"*.

Características: são mulheres de um temperamento ardente, impetuoso, que sabem mostrarem-se amáveis com sua família e com as pessoas que a rodeiam. No amor podem ser muito fiéis e felizes no lar, se o ser amado as compreende.

Celebridades: Sara, esposa de Abraão e mãe de Isaac.
Sara Bernhardt, atriz francesa.

Letra S | 193

SATÚRNIO / SATURNINO

Etimologia: do latim, *"pertencente a Saturno"*.

Santo: São Saturnino, nascido na Grécia, apóstolo de Languedoc, no século III, primeiro bispo e patrono de Toulouse, mártir.

SEBASTIÃO

Em francês: Sébastien.

Em inglês: Sebastian.

Em alemão: Sebastian.

Etimologia: do grego, *"venerado, respeitado"*.

Características: são pessoas independentes com muito senso comum. Caráter bom e leal, não procuram adulações e são muito sentimentais. Expressam com facilidade seus sentimentos e manifestam abertamente suas preferências.

Santo: São Sebastião, oficial romano, martirizado em Roma no século III. Patrono dos arqueiros, dos presos e dos agentes de polícia. Invocado contra as enfermidades contagiosas.

Celebridades: Sebastião, rei de Portugal (1557-1578).

Johann Sabastian Bach, músico.

Sébastien Slodtz, escultor flamengo.

Sebastião Cabot, navegante.

SÉFORA

Etimologia: do hebraico: *"zipporah"*, «ave».

Celebridades: esposa de Moisés.

SIGISMUNDO

Em francês: Segismond.

Em inglês: Sigmund.

Em alemão: Sigmund.

Etimologia: do germânico *"Seig-Mund"*, *«o que protege pela vitória»*.

Celebridades: vários imperadores centro-europeus.

Obra: Personalidade principal de "A Vida é um Sonho", de Calderon de la Barca.

SEGUNDO

Etimologia: do latim, *"Secundus"*, *«segundo»*, alude aos nascidos em segundo lugar.

SIMPRÔNIO

Etimologia: do latim, *"Sempronius"*, possivelmente de origem etrusca.

SENEM

Etimologia. *"de Zen"*, nome de Júpiter, em grego.

Santo: São Senem, santo oriental, martirizado em Roma, com São Abdo.

SÉTIMO

Etimologia: do hebraico, através do latim, *"queimar, brilhar como o fogo"*.

SERAFIM

Em francês: Séraphin.

Em inglês: Seraphin.

Em Alemão: Seraph.

Em italiano: Serafino.

Etimologia: do latim, *"Saraf"*, *"serpente"*.

Celebridades: Angélico definido por Santo Tomás de Aquino.

Santo: São Serafim, capuchinho e confessor no século XVI.

SERAFINA

Feminino de Serafim.

Santa: Santa Serafina, abadessa.

SERAPIÃO

Etimologia, do latim, *"Serapion".*

Celebridades: Serapis, alta divindade egípcia transportada aos panteões gregos e romanos.

SERENA

Etimologia: do latim, Serenus, «*sereno, claro, tranquilo*».
Nome cuja popularidade renasceu nos últimos anos.

SÉRGIO

Em francês: Serge.

Em inglês: Sergius.

Em alemão: Sergius.

Em italiano: Sergio.

Etimologia: do latim, *"servo escravo ou servidor".*

Características: de inteligência lógica e penetrante têm um sentimentalismo bastante violento e absoluto com tendência aos ciúmes. Possuem um caráter flexível e quase arteiro, agrada-lhes ter uma meta uma na vida.

Santos: São Sérgio, oficial do exército romano martirizado na Síria, no ano 300.

São Sérgio Radonejsky (1314-1392), de família nobre de Rostov, diplomata e depois, ermitão. Patrono da Rússia.

Celebridades: vários príncipes russos. Quatro papas.

Sérgio Prokofiev, compositor russo.

Sérgio Lifar, bailarino e coreógrafo.

Sérgio de Diaguilev, bailarino que introduziu os balés russos na Europa.

Obra: Sérge Panine, de G. Ohnet.

SERVANDO

Etimologia: do cristão-romano, *"Servandus"*, «*o que guarda ou observa*».

Santos: Servando, mártir de Osuna.

Servando, bispo galego de Iria.

SEVERO

Etimologia: do latim, *"severo, austero"*.

Santos: São Severino, ermitão das margens do Sena, venerado em Paris.

São Severo, mártir.

São Severiano, mártir.

São Severo, bispo de Avranches e outros.

Celebridades: vários imperadores romanos.

Obra: Severa, Personalidade de Corneille.

Severo Torelli, drama de François Coppée.

SÍBILA

Etimologia: do grego: *"a que faz conhecer o oráculo"*.

Santa: Santa Sibila, reclusa em Paiva, século XIV.

Celebridades: Sibila, rainha de Jerusalém no século XII.

SIGEFRIDO

Em francês: Siegfried.

Em inglês: Siegfried.

Em alemão: Siegfried.

Etimologia: do germânico: *Siegfrid*, «*vitorioso, pacificador*».

SILVANA

Etimologia: do latim, *"Silvanus"*, «*da selva, silvestre*».

Nome originariamente italiano.

SILVESTRE

Etimologia: do latim, "*Sylvanus, homem dos bosques*".

Características: possuem uma inteligência reflexiva e lenta com um encanto quase lânguido; são galanteadores e pouco fantásticos. Encanta-os a solidão e às vezes são obstinados. No amor, sua obstinação os faz conservar sempre o mesmo temperamento que têm na vida e no trabalho.

Santos: São Silvestre I, papa (270-335), o primeiro que foi representado com a tiara na iconografia. São Silvestre Gozzolini (1177-1267), ermitão italiano, fundador da ordem dos Silvestrinos.

Celebridades: o papa Silvestre II, que pregou a primeira cruzada.

Obra: O Crime de Silvestre Bonnard, de Anatole France.

SILVIA

Feminino de Silvano.

Santa: Santa Sílvia, mãe do papa São Gregório, o Grande.

SIMEÃO

Etimologia: do hebraico, "*que se lhe concede*".

Santo: São Simeão, primo de Jesus, bispo de Jerusalém e sucessor de Santiago, crucificado no ano de 104. São Simeão Estilita, asceta sírio.

Celebridades: Simeão I, kan da Bulgária, Simeão II, czar da Bulgária. Simeão, o Soberbo, grande príncipe dos moscovitas de 1340 a 1353.

SIMÃO

Em francês: Simon.

Em inglês: Simon.

Em alemão: Sigmund.

Em italiano: Simone.

Etimologia: do hebraico, *"que se lhe concede"*.

Características: de uma refinada inteligência, de natureza trabalhadora, possuem sólidas e profundas qualidades. São companheiros abnegados que têm um ideal e não abandonam Facilmente os trabalhos empreendidos. Têm êxito no amor. Santo: São Simão, um dos doze apóstolos de Jesus Cristo, mártir, evangelizador da Síria, do Egito e da Pérsia. Padroeiro dos curtidores e dos trabalhadores dos chiqueiros.

Celebridades: Simão, o Mago, citado no Evangelho.

Simão Bolívar, general e estadista sul-americano.

Simão Stevin, matemático flamengo.

SIMONE

Celebridades: Simone Signoret, atriz francesa.

Simone Beauvoir, escritora francesa.

SIMPLÍCIO

Etimologia: do latim, *Simplicius*, «*sem artifícios, simples, sem malícia*».

SINFOROSO

Etimologia: do grego *Symphorá*, «*que vai junto, acompanhante*». Interpretado, às vezes, como «*desafortunado*».

SISEBUTO

Etimologia: do germânio, *Sisi*, «*encantamento*» e Bodo, variante de Bald, «*audaz*».

Letra S | 199

SISENANDO

Etimologia: do germânico, *Sigisnands*, «*ousado pela vitória*».

Santo: mártir Pacense decapitado em Córdoba, no século IX.

SIXTO

Etimologia: do latim, "*o sexto*".

Santos: São Sexto I, papa mártir no século I.

São Sixto II, papa.

São Sixto III, papa do século V.

Celebridades: outros dois papas não canonizados tiveram este nome.

Sixto IV, criador da Capela Sixtina e Sixto V.

SOCORRO

Invocação mariana de Nossa Senhora do Perpétuo Socorro.

Etimologia: do latim "*sub-curro*", «*correr por baixo, socorrer*».

Celebridade: Santa Catalana do século XIII.

SÓCRATES

Celebridades: Sócrates, filósofo grego.

Sócrates, mártir em Perge, Panfilia, no século XII.

SOFIA

Em francês: Sophie.

Em inglês: Sophia.

Em alemão: Sofia.

Etimologia: do grego, "*sabedoria*".

Características: são de natureza inteligente, sensível e alegre. Não se interessam pelos prazeres ligeiros da vida, pelo contrário, consideram o que é mais elevado. São finas e um pouco exigentes.

Santas: Santa Sofia, viúva cristã, martirizada em Roma, sob Adriano.

Celebridades: Sofia, filha de Jaime I da Inglaterra.
Sofia Desmaret, comediante francesa.
Sofia Arnotild, cantora da Ópera de Paris.
Sofia Loren, atiz do cinema italiano.
Obra: Les Malheurs de Sophie, da condessa de Ségur.

SOL

Etimologia: do latim, *sol*, "*o astro e deus*". Nome masculino em princípio.

SOLANGE

Etimologia: do latim, *Solemnis, de Solus-Amnis, «uma só vez ao ano, solemne»*.

SOLEDADE

Invocação mariana alusiva à solidão em que se encontrou a Virgem na paixão do seu Filho.

SÔNIOA

Etimologia: Nome russo, diminutivo de Sofia.
Características: fantástica e liberada.
Pode ter às vezes, jeito de criança. Suas palavras são afiadas.

SOTERO

Etimologia: do grego, *Soter*, «*salvador*», aplicado inicialmente a Júpiter e depois a Jesus Cristo.

SULPÍCIO

Etimologia: do latim, "*caritativo*".
Santos: São Sulpício, o Severo, bispo de Bourges, morto em 591.
São Sulpício, bispo de Bourges, capelão do rei Clotário II, morto em 644.

SUZANA / SUSANA

Em francês: Suzanne.

Em inglês: Susan.

Em alemão: Susanne.

Em italiano: Susanna.

Etimologia: do hebraico, "*branca como a açucena*".

Características: de inteligência média, de natureza vacilante, gentis, amáveis e bonitas. Têm uma grande facilidade de adaptação e grande confiança em si mesmas. São muito femininas e espontâneas, apreciadas pela sociedade, gostam muito do sexo oposto. São complacentes e dispostas a prestar ajuda, não são nem muito esbanjadoras, nem muito generosas. São muito boas esposas e quando amam, expressam vivamente seus sentimentos, buscando sempre o carinho, cativam sem esforço.

Santa; Santa Suzana, virgem e mártir decapitada em Roma no século III.

Celebridades: Suzana, judia célebre por sua beleza e por sua castidade, acusada injustamente de adultério por dois velhos.

Suzanne Hayworth, atriz do cinema americano.

TADEU

Etimologia: do irlandês sobre o latim, Thaddaeus, ou do grego, Theudas.

Celebridade: Tadeusz Kosciuszko, patriota lituano e polaco. Combateu pela liberdade da Lituânia, da Polônia e dos Estados Unidos.

TAMAR

Etimologia: do hebraico, Thamar, «*palmeira*».
Nome muito corrente na Rússia na forma Tâmara.

Celebridade: filha de Davi, violentada pelo seu irmão, Amon.

TANCREDO

Etimologia: do germânico, "*rico em recursos*".
Nome que se usava muito na Idade Média.

Celebridades: Tancredo, príncipe da Galiléia (1099 – 1112).
Tancredo Neves famoso político brasileiro eleito a presidente falecido antes de assumir o cargo.

TÂNIA

Características: grande sonhadora.
Pode chegar a mentir quando a realidade não é do seu gosto.
Seu número é o nove e sua cor, o azul.

Santa: Santa Tânia, martirizada em Roma no ano de 230.

Celebridade: A bailarina Tânia Balachova.

Letra T | 203

TARCÍSIO

Etimologia: do grego, «*valente*».

TATIANA

Etimologia: do eslavo, através grego.

Características: São amáveis, graciosas, encantadoras e são conscientes do que valem. Por serem valentes e muito disciplinadas, são capazes de adaptar-se em qualquer circunstância. São pouco influenciáveis e possuem uma excelente memória. São muito possessivas e ansiosas.

Santa: mártir em Roma.

TECLA

Etimologia: do grego.

Santa: uma das cinco religiosas mártires no Iraque.

TELÉSFORO

Etimologia: do grego através do latim, "*o que cumpre*".

Santo: São Telésforo, papa de 125 a 136.

TELMO

Celebridades: nome de São Pedro Gonzalez.

TEOBALDO

Em francês: Thibaut.
Em inglês: Theobald.
Em alemão: Teobald.

Etimologia: do germânico: Theud-Bald, «*povo valente*».

TEODOMIRO

Etimologia: do germânico: *Theud-Miru*, «*povo insigne*».
Nome muito usado na Idade Média.

TEODORA

Feminino de Teodoro.
Santas: Santa Teodora, penitente do século VI.
Santa Teodora, virgem e mártir em 304.
Celebridades: várias imperatrizes de Bizâncio.
Obra: Teodora, de V. Sardou.

TEODOR

Etimologia: do grego, "*dom de Deus*".
Características: são simples e bons. Famosos pela sensatez, que lhes permite julgar sadiamente, tirando conclusões mais concretas. Muito sinceros e bons amigos. No amor são calculistas e não se deixam levar pelas paixões com facilidade.
Santos: São Teodoro de Amaséia, soldado sob o império de Maximino, mártir queimado vivo.
Celebridades: dois papas, vários imperadores gregos.
Teodoro Botrel, cantor.
Theodoro Roosevelt, estadista americano.

TEODÓSIO

Etimologia: do grego, *Theosóicos*, "*dádiva de Deus*".

TEÓFILO

Etimologia: do grego, "*que ama a Deus ou que é amado por Deus*".
Santos: São Teófilo, pagão convertido, bispo da Áustria e padre da Igreja.
Santa Teófila, virgem e mártir na Nicomédia, século IV.
Celebridade: Théophile Gautier, poeta francês.

TERÊNCIO

Etimologia: do latim, Terentius. Alusivo a Terentum, lugar do campo de Marte, destinado à celebração de jogos.

TERESA

Em francês: Thérèse.

Em inglês: Teresa.

Em alemão: Theresa.

Etimologia: do grego, *"bela e ardente como o verão"*.

Características: São de um sentimentalismo ardente, de natureza sensível, carinhosas, tranquilas e a miúdo, apaixonadas.

Sabem fazer-se querer e por ser demasiado sentimentais, concedem com excessiva rapidez seu coração às pessoas do sexo oposto, que não pensam casar-se imediatamente. Este sentimentalismo acompanha-as longo de toda sua vida. O que lhes produz várias desventuras. No geral são muito boas esposas e, sobretudo, são dotadas para educar os filhos.

Santas: Santa Teresa de Ávila (1515-1582), religiosa e mística espanhola, reformadora da Ordem do Carmelo.

Santa Teresa do Menino Jesus ou Teresa de Lisieux, religiosa carmelita desta localidade. Segunda padroeira da França.

Celebridades: Teresa Levasseur, mulher de J.J. Rousseau.

Maria Teresa de Áustria.

Obra: Thérèse Raquin de Emile Zola.

TIBÉRIO

Etimologia: do latim, formado sobre o romano.

Celebridades: Tibério, imperador romano.

Tibério II, imperador bizantino.

TIBÚRCIO

Etimologia: do romano, Tibures, habitante do Tibur, bairro romano situado na colina do mesmo nome.

TIMÓTEU

Etimologia: do grego, *"que venera a Deus".*

Santo: São Timóteo, discípulo de São Paulo, bispo de Éfeso, apedrejado.

TIRSO

Etimologia: nome latino procedente da palavra grega, Thyrsos, bastão guarnecido de folhas de parreira e utilizado nas bacanais com caráter mágico-religioso, simbolizando o deus Baco.

TITO

Etimologia: do latim.

Celebridades: discípulo de São Paulo, bispo de Creta no século I.

TOMÁS

Em francês: Thomas.

Em inglês: Thomas e Tom.

Em alemão: Thomas.

Em italiano: Tommasso.

Etimologia: do hebraico: *"o gêmeo".*

Características: Têm muito senso comum e são complacentes. Espírito analítico e são lentos para as decisões. Muito dóceis fáceis e sua amizade é procurada. Na intimidade são muito agradáveis, pois possuem um espírito vivo e sempre sabem como decidir.

Santos: Santo Tomás, o Dídimo, apostolo que tendo duvidado da Ressurreição, foi convidado por Deus a que colocasse os dedos nas chagas; martirizado em Meliapur, na Índia. Padroeiro dos arquitetos e dos pedreiros.

Santo Tomás de Aquino (1226-1274), dominicano, teólogo de fama universal. Padroeiro das escolas católicas.

Santo Tomás de Canterbury (1117-1170), grande chanceler da Inglaterra, arcebispo de Canterbury.

Santo Tomás de Villanueva, (1488- 1555) ermitão, arcebispo de Valência.

Celebridades: Thomas Edison, físico americano e inventor.

Thomas Carlyle, historiador escocês.

Thomas Cromwell, grande chanceler da Inglaterra.

TORQUATO

Etimologia: do latim, *Torquatus*, «*adornado com um colar*».

Celebridades: nome aplicado a um guerreiro que se adornou com o colar de um gaulês a quem matou em combate.

TURÍBIO

Etimologia: do grego *Thoríbios*,«*ruidoso, estrepitoso, movido*».

TRANQUILO

Nome de família romano: «*Tranquilo, sereno*».

TRINDADE

Nome místico evoca a «*reunião de três*» que se resolve em Deus.

TRISTÃO

Etimologia: do latim, "*triste*".

Nome procedente da célebre lenda medieval, de Tristão e Isolda.

Celebridades: Tristão Bernard, romancista e dramaturgo francês.

Obras: Tristão Shancy, de L. Sterne.

Tristão e Isolda, drama lírico de Wagner.

UBALDO

Etimologia: do germânico. *Tug-Bald, «de espírito audaz»*.
Santo: Santo Ubaldo, bispo de Gubio, Itália.

ULISES

Etimologia: do grego, "*irritado*".
Nome tirado das lendas da Grécia antiga.
Características: seu caráter não é fácil de determinar.
Tudo que se sabe deles é que são prudentes, astutos e dóceis.
Celebridades: Ulisses, herói grego, rei legendário de Ítaca.
Obra: Ulisses, de James Joice (1922).

ULRICO

Etimologia: de origem germânica, «*cortês*».

URBANO

Etimologia: do latim, habitante da cidade.
Santos: Santo Urbano I papa mártir.
Santo Urbano II papa promotor da Primeira Cruzada.

URIAS

Etimologia: do hebraico *Ur-iah, «luz de Deus».*

Celebridades: marido de Betsabé.

URIEL

Etimologia: a mesma que para Urias.

URRACA

Etimologia: incerta, possivelmente do germânico, *Ur, «uro».* Assimilado a Maria.

ÚRSULA

Em francês: Ursule, Ursuline.

Em inglês: Ursula.

Em alemão: Ursula.

Etimologia: do latim, *"Osita".*

Características: São muito independentes, Bastante hábeis e desenvoltas.

Não são demasiado sociáveis, mas sim, bastante boas e não buscam favores. São dadas ao sonho, não lhes agradam extremos e buscam, sobretudo, tranquilidade e harmonia.

Santa: Santa Úrsula, virgem e mártir, assassinada em 383 pelos hunos em Colônia.

Celebridades: Úrsula Andress, atriz americana.

Obra: Úrsula Mirouët, de Balzac.

VALDO ou WALDO

Etimologia: do germânico. *Wand*, «*velho*» e por extensão, «*governante, caudilho*».

VALDOMIRO

Etimologia: do germânico. *Bald-Miru. Bald*, «*audaz, valente*»; *Miru*, «*ilustre, insigne*».

VALENTIM

Etimologia: do latim, "*homem que se sente bem*".

Características: são prudentes, alegres, otimistas, têm o desejo de gostar e o gosto pelos adornos.
Mediante um trabalho penoso, brilham, especialmente quando são chamados a realizar algo que exija muita atenção e um espírito tenaz.
No amor são muito paqueradores, mas não desejam em absoluto despertar sentimentos que não possam corresponder.

Santo: São Valentim, bispo e mártir, no ano 270.
Valentim abençoou o idílio de dois jovens. Este primeiro casal foi tão feliz que depois, todos os namorados quiseram que Valentim os abençoasse. Daí nasceu o costume de celebrar São Valentim.

Celebridades: Valentim Hany, fundador do Instituto de Jovens Cegos.

Letra V | 211

VALENTINA

Feminino de Valentim.

Santa: Santa Valentina, virgem e mártir do século IV, na Palestina

Celebridades: Valentina de Visconti, filha de uma ilustre família italiana, que se casou com o duque de Orleans.

Obra: Valentina de George Sand.

VALÉRIA

Em francês: Valérie.

Em inglês: Valerie.

Em alemão: Valeria

Feminino de Valeriano.

Santa: Santa Valéria, virgem martirizada em Limoges, no tempo de São Marcial.

Obra: Valérie, romance de Mme. Krudner.

VALERIANO ou VALÉRIO

Etimologia: a mesma que para Valentim.

Santos: São Valério, mártir em Soissonais.

São Valeriano, marido de Santa Cecília.

VANDA ou WANDA

Etimologia: do germânico. *Wand*, *«bandeira, insígnia»*. Designa um dos povos bárbaros, os vândalos.

VANESSA

Etimologia: nome inventado por Swift na sua obra Cadenus and Vanessa.

Celebridades: Vanessa Redgrave, atriz britânica.

VELASCO

Etimologia: do germânico belo, «*corvo*», *ou do basco, Belas-ko, «do prado»*.
Deu origem ao nome Velásquez.

VENCESLAU ou WENCESLAU

Características: são pouco influenciáveis, muito complacentes, doces
e fáceis de tratar-se.

VENTURA

Etimologia: do latim, *Venturum*, «*o que há de vir*».
Expressão de bom augúrio.

VERA

Etimologia: do eslavo, «*fé*».
Características: pode realizar grandes coisas contanto que seja es-
timulada. Agrada-lhe a ação. Seu número é o um e azul é a sua cor.

VERÔNICA

Em francês: Veronique.
Em inglês: Verônica.
Em alemão: Veronika.
Em italiano: Verônica.
Etimologia: do grego e do latim, "*a verdadeira imagem*".
Características: chegam a captar os conceitos mais complicados, a
força de estudar e de aprender cada vez mais.
Quando se decidem a empreender algo, vão até o fim.
No amor, quando seu coração está ligado a alguém, negam-se a atrasar
por muito tempo a sua felicidade.
Santas. É o nome simbólico da santa mulher que, durante a Paixão,
enxugou o rosto de Jesus com um lenço sobre o qual a Santa Face
ficou impressa.

Santa Verônica (1445-1497), religiosa italiana do mosteiro de Santa Marta de Milão.

Celebridades: Verônica Lake, atriz do cinema americano.

VICENTE

Em francês: Vincent.

Em inglês: Vincent.

Em alemão: Vincentius.

Em italiano: Vincenzo.

Etimologia: do Latim antigo.

Características: têm um coração de ouro, são muito caritativos, de espírito refinado e muito intuitivos.

São grandes realizadores, criativos e com vontade tenaz, mas carecem de pouca flexibilidade.

Santos: São Vicente Ferrer (1350-1419), domenicano espanhol. Padroeiro dos corretores e dos vinhateiros.

São Vicente de Paula (1576-1666), fundador da Ordem de São Lázaro e das filhas da Caridade; dedicou-se à evangelização dos camponeses, dos pobres, dos remadores das galés e ao cuidado das crianças abandonadas. Patrono de Madagascar e das obras de caridade.

VÍTOR ou VICTORIO

Em francês: Victor.

Em inglês: Victor.

Em alemão: Viktor.

Em italiano: Vittore.

Etimologia: do latim, "*vencedor*".

Características: os mesmos que para Vitória.

Santos: São Vitor I papa e mártir em 199. Padroeiro dos moleiros,

Celebridades: quatro papas, vários reis da Sardenha e da Itália, dentre os quais se destaca

Vitor Manuel II, último rei da Itália.

Vitor Hugo, o poeta francês mais ilustre do século XIX.

Vitor Massé, compositor francês.

VITÓRIA

Em francês: Victoire.

Em inglês: Victoria.

Em alemão: Viktoria.

Etimologia: do latim, "*a Vitória*".

Características: São plenas de fecundidade e força. De espírito realizador e de natureza orgulhosa, sabem amar e apegam-se facilmente aos que lhes manifestam alguma simpatia.

Santa: Santa Vitória, romana, martirizada em 250 por ter-se recusado a casar-se com um pagão.

Celebridades: Vitória, da França, filha de Luís XV. A rainha Vitória da Inglaterra.

VITORIANO

Etimologia: a mesma que para Vitor.

Celebridades: senhor de Adrumete, governador de Cartago.

Vitoriano Sardou, dramaturgo francês.

VITORINO

Etimologia: a mesma que para Vitor.

Celebridade: Cura pagão convertido em Clermont-Ferrand.

VIDAL

Etimologia: do latim, *Vitalis*, «*vital, que têm vida, sadio*», talvez, aludindo à vida sobrenatural.

Letra V | 215

VIOLANTE

Etimologia: do germânico, *Wioland «riqueza, bem-estar»*.

Celebridades: rainha de Aragão, esposa de Jaime I, século XIII.

VIOLETA

Etimologia: da flor do mesmo nome.

Características: inteligentes, gentis, amáveis, espontâneas e um pouco levianas, sempre estão dispostas a gozar do prazer. Brilham, sobretudo pela vivacidade do seu temperamento que é risonho.

São muito procuradas, nunca sabem a quem dar seu coração; sabem amar com fidelidade e fundar um verdadeiro lar, onde vivem dentro de uma alegria constante.

VIRGILIO

Etimologia: do latim.

Celebridades: monge de Lérins, bispo de Arles no século VI.

VIRGÍNIA

Em francês: Virginie.

Em inglês: Virginia.

Em alemão: Virginia.

Em italiano: Virginia.

Etimologia: do latim, "*virgem, jovenzinha*".

Características: são de uma inteligência fina, adaptam-se facilmente e têm uma vontade dócil. Muito abnegadas, agrada-lhes fazer favores a seus amigos e vê-los satisfeitos e sorridentes. Facilmente se desanimam e se o amor não progride, ficam solteiras.

Celebridades: na história romana, a célebre Virgínia, a «Lucrecia plebéia», que no século V a.C., foi morta por seu pai para evitar-lhe a desonra.

Obra: Paulo e Virgínia de Bernardin de Saint Pierre.

VIVIANA

Etimologia: procede do latim, «*vivo*».

Celebridades: Santa Viviana, martirizada em Roma.
Numerosas atrizes de cinema.

Características: São geralmente caprichosas, com fases de excitação seguidas por fases de depressão.

VOLFANGO ou WOLFGANGO

Etimologia: do germânico, "*composto das vozes*", *Wulf*, «*lobo, guerreiro*», «*pleno, total*» e ingás, nome do povo dos Anglos, «*Passagem do lobo*».

XANTIPA

Etimologia: do grego *Wanthós*, «loiro, amarelo» e *Hippos*, «cavalo».
Celebridades: mulher de Sócrates.

XAVIER

Em francês: Xavier.
Em inglês: Xaverius.
Em alemão: Xaver.
Em italiano: Saverio.
Patronímico de São Francisco Xavier, apóstolo das Índias.
Características: São pessoas de elite, dotadas intelectualmente e muito brilhantes, são verdadeiros homens de ação. Muito emotivos e afetuosos, são amigos abnegados. Sua amizade é muito procurada, pois sabem compartilhar seu êxito com os companheiros de trabalho.
Celebridades: Xavier de Maistre, escritor francês.
Xavier de Montépin, romancista francês.

XÊNIA

Nome usado na Idade Média.

YOLE

Etimologia, do grego, «*violeta*».

Celebridades: amante de Hércules, causadora da sua ruína.

YOLANDA

Etimologia: do grego, através do latim.

Características: de espírito um pouco quimérico, melancólicas e doces, não ocultam sua necessidade de proteção. Não são demasiado enérgicas, nem demasiado atentas e seu espírito parece vagar por outra parte. São grandes namoradas, muito sensíveis e emotivas, o que as torna muito atraentes.

Celebridades: Yolanda de Aragão, rainha da Sicília, século XV.

ZACARIAS

Etimologia: do hebraico, "*memória do Senhor*".
Santos: São Zacarias, papa que coroou Pepino, o Breve.
São Zacarias, segundo bispo de Viena, mártir.
São Zacarias, pai de São João Batista.

ZENAIDE ou ZENAIDA

Etimologia: do grego, "*consagrada a Deus*".
Santa: Santa Zenaida, irmã ou parente de São Paulo, morta no século I.

ZENÓBIO

Etimologia: do grego: Zenóbios, «*o que recebe vida de Zéus*».

ZENON

Etimologia: do grego, através do latim.
Celebridades: Zenon, imperador romano do Oriente.
Zenon de Cítio, filósofo grego.
Zenon de Eléia, filósofo grego.

ZITA

Etimologia: antiga palavra toscana: «*menina, donzela, solteira*».

Santa: Santa Zita, italiana, serva da família dos Fantinelli. Padroeira das empregadas domésticas. Usa-se às vezes como Teresa ou Rosa.

ZOE

Etimologia: do grego, Zoe, «*vida*».

ZORAIDE

Etimologia: do árabe, procedente de Zarádat, «*elo, graciosa*», identifica-se com Graça.

ONOMÁSTICO

A

Arão, Aarão: 1º de julho.
Ábdo: 30 de julho.
Abdúlia: 5 de setembro.
Abel: 5 de agosto.
Abelardo: 5 de agosto.
Abraão: 20 de dezembro.
Acácio: 1º de abril.
Ada: 4 de dezembro.
Adalberto: 22 de abril.
Adão: 1º de novembro.
Adélia: 24 de dezembro.
Adelaide: 16 de dezembro.
Adolfo: 2 de agosto.
Adelino: 20 de outubro.
Adolfo: 11 de setembro.
Adriano: 8 de setembro.
Afra: 24 de maio.
África: 5 de agosto.
Aída: 2 de fevereiro.
Alba: 22 de junho.
Alberico: 26 de janeiro.
Alberto: 17 de novembro.
Aldo: 10 de janeiro.
Alexandre: 22 de abril.
Aleixo: 17 de fevereiro.
Alfonso: 1º de agosto.
Alfredo: 15 de agosto.
Alicia: 16 de dezembro.

Álvaro: 19 de fevereiro.
Amábile, Amável: 18 de outubro.
Amadeu: 30 de março.
Amado: 13 de setembro.
Amâncio: 4 de novembro.
Amaro: 10 de maio.
Ambrósio: 7 de dezembro.
Amélia: 19 de setembro.
Amós: 31 de março.
Amparo: 11 de maio.
Afrodisia: 14 de março;
Ágata: 5 de fevereiro.
Agripina: 23 de junho.
Águeda: 5 de fevereiro.
Agustín: 28 de agosto.
Anastácio: 30 de novembro.
Andréia: 30 de novembro.
André: 30 de novembro.
Angel: 5 de maio.
Ângela: 27 de janeiro.
Angelina: 27 de janeiro.
Aniceto: 17 de abril.
Anselmo: 21 de abril.
António: 13 de junho.
Anunciação: 25 de março.
Apresentação: 21 de novembro.
Aristides: 31 d agosto.
Armando: 8 de junho.

Arnaldo: 10 de fevereiro.
Ascânio: 3 de fevereiro.
Arsênio: 19 de julho.
Ana: 26 de julho.
Anabela: 26 de julho.
Anacleto: 13 de julho.
Ananias: 24 de janeiro.
Anastácia: 10 de março.
Artur: 15 de novembro.
Aspásia: 2 de janeiro.
Astride: 7 de outubro.
Assunção: 15 de agosto.
Atanásio: 12 de agosto.
Ataulfo: 11 de setembro.
Atocha: 10 de julho.
Augusto: 7 de outubro.
Áurea: 17 de junho.
Aurélia: 15 de outubro.
Aurélio:27 de setembro.
Aurora: 8 de setembro.
Auxiliadora:24 de maio.
Avelina: 31 de maio.
Azarias:3 de fevereiro.

B.

Balduíno: 17 de outubro.
Baltazar: 29 de março.
Bárbara: 4 de dezembro.
Bartolomeu: 24 de agosto.
Basílio: 2 de janeiro.
Batista: 24 de julho.
Beatriz: 29 de junho.
Begônia: 11 de outubro.
Belém: 25 de dezembro.
Belinda: 25 de dezembro.

Benigno: 1º de novembro.
Benito: 11 de julho.
Benjamim: 31 de março.
Berenger: 2 de outubro.
Berenice: 4 de outubro.
Barnabé: 11 de junho.
Bernarda:15 de junho.
Bernardino: 20 de maio.
Bernardo: 15 de junho.
Berta: 4 de julho.
Bertim: 16 de outubro.
Beltrão:16 de outubro.
Betsabé: 4 de julho.
Benvindo: 30 de outubro.
Branca: 5 de agosto.
Brás: 3 de fevereiro.
Bonifácio: 5 de junho.
Bráulio: 26 de março.
Brenda: 16 de maio.
Brígida: 1º de fevereiro.
Brunilda: 6 de outubro.
Bruno: 6 de outubro.
Boaventura: 16 de julho.

C.

Calisto: 14 de outubro.
Cândido: 3 de outubro.
Carina: 7 de novembro.
Carlos: 4 de novembro.
Carmen: 16 de julho.
Cassandra: 22 de abril.
Casto: 22 de maio.
Caetano: 8 de agosto.
Cecílio: 22 de novembro.
Celestino: 19 de maio.

Onomástico

César: 26 de agosto.

Cesáreo: 26 de agosto.

Cipriano: 15 de setembro.

Clara: 11 de agosto.

Clemente: 23 de novembro.

Cleópatra: 11 de outubro.

Clotilde: 24 de junho.

Celestina: 19 de maio.

Colomba: 31 de dezembro.

Cosme: 26 de setembro.

Crisântemo: 25 de outubro.

Crispim: 18 de novembro.

Camilo: 14 de julho.

Candelária: 2 de fevereiro.

Carlos Magno:4 de novembro.

Carlota: 17 de julho.

Carolina: 15 de julho.

Casemiro: 4 de março.

Catarina: 29 de abril.

Cecília: 22 de novembro.

Celeste: 17 de maio.

Celso: 28 de julho.

Cirene: 1º de novembro.

Ciríaco: 8 de agosto.

Cirilo: 18 de março.

Cláudio: 15 de fevereiro.

Conceição: 8 de dezembro.

Conrado: 26 de novembro.

Constantino: 27 de julho.

Célia: 22 de novembro.

Cora: 14 de maio.

Cristina: 24 de julho.

Cristiano: 27 de julho.

Cristóvão: 28 de julho.

Chantal:12 de dezembro.

D.

Dafne: 19 de outubro.

Dália: 20 de julho.

Damásio: 5 de outubro.

Damião: 26 de setembro.

Daniel: 11 de dezembro.

Dario: 25 de outubro.

Davi: 29 de dezembro.

Débora: 21 de setembro.

Delfim: 26 de novembro.

Demétrio:26 de outubro.

Dorotéia: 5 de junho.

Desidério: 23 de maio.

Diego: 25 de julho.

Dionísio: 15 de maio.

Diana: 9 de junho.

Dores: 15 de setembro.

Domingos: 8 de agosto.

Domitila: 7 de maio.

Domiciano: 24 de maio.

Donato; 5 de setembro.

E.

Edeltrudis: 18 de junho.

Edgar: 8 de julho.

Edite: 16 de setembro.

Edmundo: 20 de novembro.

Eduardo: 5 de janeiro.

Edvirgens: 16 de outubro.

Efraim: 9 de junho.

Egídio: 1º de setembro.

Eleonora: 22 de fevereiro.

Eleutério: 20 de fevereiro.

Elias: 20 de julho.

Érico: 18 de maio.

Ernestina: 7 de novembro.
Escolástica: 10 de fevereiro.
Esperança: 1º de dezembro.
Estevão: 25 de outubro.
Estela: 11 de maio.
Eudóxio: 1º de março.
Eufêmia: 16 de setembro.
Eugênio: 24 de julho.
Eunice: 23 de dezembro.
Eustáquio: 20 de setembro.
Evélio: 11 de maio.
Ezequiel: 10 de abril.
Elisa: 2 de dezembro.
Elisabeth: 17 de novembro.
Eliseu: 14 de julho.
Elmo: 4 de abril.
Eloísa: 1º de dezembro.
Elói:1º de dezembro.
Elvira: 25 de janeiro.
Emetério: 3 de março.
Emília: 19 de maio.
Emiliano: 12 de novembro.
Emílio: 22 de maio.
Emanuel: 25 de dezembro.
Erasmo: 2 de junho.
Ermengardo: 4 de setembro.
Ernesto: 7 de novembro.
Esmeralda: 8 de agosto.
Estanislau: 7 de setembro.
Estefânia: 26 de outubro.
Ester: 8 de dezembro.
Estrela: 15 de agosto.
Eufrosina: 7 de maio.
Eusébio: 14 de agosto.
Eva: 6 de setembro.

Evaristo: 25 de outubro.
Everaldo: 14 de agosto.

F.
Fabiano: 20 de janeiro.
Fábio: 31 de junho.
Fátima: 13 de maio.
Fé: 1º de agosto.
Feliciano: 9 de junho.
Felicidade: 7 de março.
Felipe: 3 de maio.
Félix: 12 de fevereiro.
Felisberto: 20 de agosto.
Filomena: 13 de agosto.
Fabíola: 27 de dezembro.
Fabrício: 22 de agosto.
Faustino: 5 de fevereiro.
Frederico: 18 de julho.
Fernando: 30 de maio.
Fidel: 24 de abril.
Firmino: 11 de outubro.
Filadelfo: 2 de setembro.
Florência: 7 de novembro.
Florentino: 24 de outubro.
Flávio: 11 de maio.
Flora: 25 de outubro.
Francisco: 4 de outubro.
Froile: 5 de outubro.
Frutuoso: 23 de janeiro.
Floriano:4 de maio.
Fortunato: 23 de abril.
Fulgêncio:1º de janeiro.

G.
Gabriel: 29 de setembro.
Gaspar 23 de junho.

Genoveva: 3 de janeiro.
Geraldo: 7 de outubro.
Gertrudes: 16 de novembro.
Getúlio: 10 de junho.
Gilberto:6 de junho.
Gisela: 21 de maio.
Godiva: 6 de julho.
Gonçalo: 6 de junho.
Gregório: 3 de setembro.
Guadalupe: 12 de dezembro.
Guilherme: 10 de janeiro.
Gustavo: 3 de agosto.
Gedeão: 10 de setembro.
Gema: 14 de março.
Germano: 28 de maio.
Gervásio: 19 de junho.
Gil: 1º de setembro.
Gilda: 29 de janeiro.
Glória: 25 de março.
Godofredo: 8 de novembro.
Graça: 23 de julho.
Greta: 16 de novembro.
Gundalina: 14 de outubro.
Gumercindo: 13 de janeiro.
Gina: 25 de agosto.

H.

Haroldo: 1º de outubro.
Heitor: 1º de novembro.
Helga: 11 de julho.
Hércules: 1º de novembro.
Heriberto: 16 de março.
Hermenegildo: 13 de abril.
Hildegarde: 17 de setembro.
Homero: 13 de novembro.

Honório: 16 de janeiro.
Hortênsia: 5 de outubro.
Humberto: 25 de março.
Heládio: 28 de maio.
Helena: 18 de agosto.
Henrique: 13 de julho.
Hilário:13 de janeiro.
Hilda: 17 de novembro.
Hildebrando: 11 de abril.
Hermínia: 25 de abril.
Hipólito: 13 de agosto.
Honorato: 16 de janeiro.
Horácio:1º de novembro.
Hugo: 1º de abril.

I.

Inácio: 31 de julho.
Inês: 3de janeiro.
Igor: 5 de junho.
Imaculada:8 de dezembro.
Ildefonso:23 de janeiro.
Imelda: 17 de setembro.
Indalécio:15 de maio.
Irene: 5 de abril.
Irma: 9 de julho.
Isaac: 27 de maio.
Isabel: 4 de julho.
Isidoro: 4 de abril.
Isidro: 4 de abril.
Ismael:17 de junho.
Ivan: 4 de junho .
Ivo: 21 de setembro.

J.

Jeremias: 1º de maio.
Jerônimo; 30 de setembro.

226 | Dicionário dos Nomes e seus Significados

Jesus: 1º de janeiro.
Jovita: 15 de fevereiro.
João: 24 de junho.
Judas: 28 de outubro.
José: 19 de março.
Joel. 13 de junho.
Joaquim: 26 de julho.
Jacó: 25 de julho.
Jacinto: 17 de agosto.
Judite: 4 de setembro.
Júlia: 8 de abril.
Juliano: 4 de janeiro.
Júlio: 1º de julho.
Julieta: 18 de maio.
Justiniano: 12 de março.
Justo: 1º de junho.
Jorge: 23 de abril.
Jonas: 21 de setembro.
Jaime: 25 de julho.

K.

Karen: 7 de novembro.
Karma: 7 de novembro.

L.

Ladislau: 22 de outubro.
Lancelot: 27 de junho.
Larissa: 26 de maio.
Laudelino: 15 de junho.
Laura: 19 de outubro.
Laurêncio: 10 de agosto
Lavínia: 22 de março.
Lázaro: 25 de fevereiro.
Leandro: 28 de fevereiro.
Leão: 30 de junho.

Leocádia: 9 de dezembro.
Leonardo: 6 de novembro.
Leonor: 1º de julho.
Leonardo: 6 de novembro.
Leôncio: 18 de junho.
Leônidas: 22 de abril.
Leopoldo: 15 de novembro.
Leovigildo: 20 de agosto.
Lícia: 16 de dezembro.
Licínio: 7 de agosto.
Lídia: 26 de março.
Lília: 27 de março.
Linda: 28 de agosto.
Lino: 23 de setembro.
Lola: 5 de setembro.
Lopes: 25 de setembro.
Lorena: 20 de maio.
Loreto: 10 de dezembro.
Lotário: 7 de abril.
Lourdes: 11 de fevereiro.
Lourenço: 10 de agosto.
Lucas: 18 de outubro.
Lúcia: 13 de dezembro.
Luciano: 8 de janeiro.
Lucinda: 30 de junho.
Lucrecia: 14 de março.
Ludmila: 13 de setembro,
Luís: 21 de junho.
Leír: 27 de agosto.

M.

Macário: 15 de janeiro.
Madalena: 22 de julho.
Mafalda: 2 de maio.
Magali: 16 de novembro.

Onomástico | 227

Magin: 25 de agosto
Maifa: 15 de agosto.
Mamés:17 de agosto.
Manoel: 22 de janeiro.
Manrique:20 de junho.
Marcelino: 5 de abril.
Marcelo: 16 de janeiro.
Marcial: 30 de junho.
Marciana: 26 de maio.
Marcos: 25 d abril.
Margarida: 15 de novembro.
Maria: 11 de novembro.
Mariano: 19 de agosto.
Marin: 4 de setembro.
Marina: 4 de setembro.
Mário: 19 d janeiro.
Marisa: 15 de agosto.
Martim: 11 de novembro.
Martina: 30 de janeiro.
Mateus: 21 de setembro.
Matias: 24 de fevereiro.
Matilde: 14 de março.
Maurício: 22 de setembro.
Mauro: 15 de janeiro.
Maximiliano: 12 de março.
Maximino: 29 de maio.
Máximo: 14 de abril.
Melânio: 26 de janeiro.
Melquior: 6 de janeiro.
Mendo: 11 de junho.
Mercedes: 24 de setembro.
Miguel: 29 de setembro.
Milagres: 9 de julho.
Milton: 1º de abril.
Milena: 9 de junho.

Miriam: 15 de agosto.
Modesto:24 de outubro.
Moisés: 4 de setembro.
Mônica: 27 de agosto.
Montserrat: 27 de abril.

N.

Nádia: 1º de dezembro.
Napoleão: 15 de agosto.
Narciso: 29 de outubro.
Natacha: 26 de agosto.
Natália: 27 de junho.
Natividade: 1º de outubro.
Nazário: 28 de julho.
Nemésio: 1º de agosto.
Nerina: 12 de maio.
Nestor: 26 de fevereiro.
Neves: 5 de agosto.
Nicanor: 5 de junho.
Nicásio:11 de outubro.
Nicolau: 6 de dezembro.
Nicomedes: 15 de setembro
Noé: 11 de novembro.
Noemi: 4 de junho.
Norberto: 6 de junho.
Nuno: 2 de setembro.
Nuria: 8 de setembro.

O.

Oberon: 26 de janeiro.
Olavo: 29 de julho.
Olegário: 6 de março.
Olivério: 12 de julho.
Olívia: 5 de março.
Olga: 11 de junho.

Onésimo: 16 de fevereiro.
Onofre: 12 de junho.
Oscar: 3 de fevereiro.
Osvaldo: 29 de fevereiro.
Otávio: 22 de março.
Oto: 16 de janeiro.

P.

Paloma: 31 de dezembro.
Pancrácio: 12 de maio.
Pascoal: 17 de maio.
Patrícia: 17 de março.
Patrocínio: 17 de março.
Paula: 26 de janeiro.
Paulina: 26 de janeiro.
Paulino: 11 de janeiro.
Paulo: 29 de junho.
Paz: 24 de janeiro.
Pedro: 29 de junho.
Pelágio: 8 de outubro.
Pelaio: 26 de junho.
Penélope: 1º de novembro.
Peregrino: 16 de maio.
Perpétua: 7 de março.
Petronília: 31 de maio.
Petrônio: 6 de setembro.
Piedade: 21 de novembro.
Pilar: 12 de outubro.
Pio: 3 de setembro.
Plácido: 5 de outubro.
Policarpo: 23 de fevereiro.
Polixena: 23 de setembro.
Pompeu: 8 de maio.
Pôncio: 14 de maio.
Porfírio: 26 de fevereiro.

Primitivo: 16 de abril.
Primo: 9 de junho.
Priscila: 16 de janeiro.
Procópio:8 de julho
Próspero: 25 de junho.
Pura: 8 de dezembro.
Purificação: 2 de fevereiro.

Q.

Quintino: 31 de outubro.
Quinhão: 16 de junho.
Quirino: 4 de junho.
Quitéria: 22 de maio.

R.

Rafael: 29 de setembro.
Raimundo: 1º de fevereiro.
Rainiero: 30 de dezembro.
Ramiro: 11 de março.
Ramon: 31 de agosto.
Raquel: 15 de janeiro.
Raul: 30 de dezembro.
Rebeca: 25 de março.
Regina: 16 de junho.
Reinaldo: 4 de agosto.
Reis: 6 de janeiro.
Remédios: 3 de fevereiro.
Remígio: 22 de março.
Renato: 19 de outubro.
Ricardo: 3 de abril.
Rigoberto: 4 de janeiro.
Rita: 22 de maio.
Roberto: 30 de abril.
Rocio: 24 de maio.
Rodolfo: 21 de junho.

Onomástico | 229

Rodrigo: 13 de março.
Rogério: 30 de dezembro.
Roldão: 13 de maio.
Romão: 28 de fevereiro.
Romeu: 21 de novembro.
Romualdo: 19 de junho.
Roque: 16 de agosto.
Rosa: 23 de agosto.
Rosália: 4 de setembro.
Rosamunda: 23 de agosto.
Rosaura: 23 de agosto.
Rosário: 7 de outubro.
Rosendo: 1º de março.
Roxana: 23 de agosto.
Rubens: 4 de agosto.
Rufino: 19 de julho.
Ruth: 4 de junho.

S.

Sabino: 30 de janeiro.
Salomé: 22 de outubro.
Salomão: 25 de junho.
Salustiano: 8 de junho.
Salvador; 13 de março.
Sálvio: 10 de setembro.
Samuel: 20 de agosto.
Sancho: 5 de julho.
Sansão: 28 de julho.
Sandra: 2 de abril.
Santiago: 25 de julho.
Santos: 1º de novembro.
Sara: 9 de outubro.
Satúrio: 2 de outubro.
Saturnino: 29 de novembro.
Saudade: 11 de outubro.

Sebastião: 20 de janeiro.
Segismundo: 1º de maio.
Segundo: 9 de janeiro.
Senén: 30 de julho.
Sétimo: 10 de outubro.
Serafim: 12 de outubro.
Serápio:3 de setembro.
Serena: 28 de junho.
Sérgio: 7 de outubro.
Servando: 23 de outubro.
Severo: 9 de janeiro.
Sexto: 5 de agosto.
Sibila: 19 de maio.
Sigifredo: 22 de agosto.
Silvana: 5 de maio.
Silvestre: 31 de dezembro.
Sílvia: 21 de abril.
Simão: 28 de outubro.
Simeão: 1º de junho.
Simplício: 20 de novembro.
Sisebuto: 15 de março
Simprônio: 27 de julho.
Socorro: 8 de setembro.
Sofia: 25 de maio.
Sol: 3 de dezembro.
Solange: 10 de maio.
Sônia: 25 de maio.
Sotero: 22 de abril.
Susana: 11 de agosto.
Suplício: 20 de abril.

T.

Tadeu: 28 de outubro.
Tamar: 1º de maio.
Tancredo: 9 de abril.

Tarcísio: 14 de agosto.
Tatiana: 12 de janeiro.
Tecla: 23 de setembro.
Telmo: 14 de abril.
Teobaldo: 13 de setembro.
Teófilo: 4 de fevereiro.
Teodomiro: 25 de julho.
Teodoro: 20 de abril.
Teodósio:25 de outubro.
Terêncio:10 de abril.
Teresa: 15 de outubro.
Tibúrcio: 14 de abril.
Timóteo: 26 de janeiro.
Tirso: 24 de janeiro.
Tito: 26 de janeiro.
Tomás: 21 de fevereiro.
Torquato: 15 de maio.
Tranquilino: 6 de julho.
Tristão: 12 de novembro.
Trófimo: 29 de dezembro.
Turíbio: 23 de março.

U.
Ubaldo: 16 de maio.
Ulrico: 19 de abril.
Urbano: 2 de abril.
Urias: 1º de outubro.
Uriel: 1º de outubro.
Urraca: 15 de agosto.
Úrsula: 21 de outubro.

V
Valdo: 16 de maio.
Valentim: 14 de fevereiro.
Valério: 28 de abril.

Vanessa: 4 de fevereiro.
Venceslau: 28 de setembro.
Ventura: 3 de maio.
Vera: 1º de agosto.
Verônica: 4 de fevereiro.
Vicente: 22 de janeiro.
Vidalemão: 2 de julho.
Violante: 28 de dezembro.
Violeta: 3 de maio.
Virgílio: 26 de junho.
Virgínia: 14 de agosto.
Vitor: 17 de novembro.
Vitória: 17 de novembro.
Volfango: 31 de outubro.

X.
Xantipa: 23 de setembro.
Xavier: 3 de dezembro.
Xênia: 24 de janeiro.

Y.
Yole: 17 de dezembro.
Yolanda: 17 de dezembro.

Z.
Zacarias: 5 de novembro.
Zeferino: 22 de agosto.
Zenon: 14 de fevereiro.
Zita: 27 de abril.